Steve Kroeger
Leichtigkeit

# Inhalt

»L« wie Leichtigkeit 7
Jetzt geht's los – alles wird leicht! 11
1. Der lachende Lama 17
2. Schon wieder Rudolph! 21
3. Fernsehen bis zum Testbild 25
4. Nur die Liebe zählt 29
5. Und jetzt? Ausschalten! 33
6. Wie geht's dir? 37
7. Sprung vom Everest 41
8. Das Leben ist (k)ein Ponyhof 45
9. Hoch oder runter? 49
10. Dresscode »Black & White« 53
11. Do it yourself? 57
12. Sind Dreiecke wirklich besser als Kreise? 61
13. Vom Chemiker zum Berufsmusiker 65
14. Kuchen in der Everest Bakery 69
15. Eine Legende der Leidenschaft 73
16. Dicke Luft 77
17. Ich packe meinen Koffer 81
18. Hinten anstellen 85
19. Täglich grüßt das Murmeltier 89
20. Helden des Alltags 93
21. Fisch oder Fleisch? 97
22. Von Muträubern und anderen Gaunern 101
23. Ihr Laberköppe! 105

24. Zwo, eins, Risiko   109
25. Nein – oder vielleicht doch ja?   113
26. Die Lemminge: Aaaaaaaaaaaaaa   117
27. Auspacken, bitte!   121
28. Who the fuck is Fred?   125
29. Kaffee um 08:47 Uhr   129
30. Leinen los!   133
31. Abwarten und Milchkaffee trinken   137
32. Neuigkeiten aus der Geisterwelt   141
33. »Das Leben ist ein mieser Verräter«   145
34. Du hast die Wahl, Fisch!   149
35. Bitte erledigen, Schatz!   153
36. Wenn das Handy mit auf dem Sofa sitzt   157
37. Einlochen am Everest   161
38. Der Preis des Erfolgs   165
39. Zehn Euro zahlen, zwanzig Euro bekommen   169
40. Die verrückten Araber   173
41. Ohne Urlaub keine Arbeit   177
42. Schritt, Schritt, Sauseschritt   181
43. Wie man in die Praxis hineinruft   185
44. Wer nicht fragt, bleibt dumm   189
    Stichwortverzeichnis   193
    Verzeichnis der Links   196
    Über Steve Kroeger   199

# »L« wie Leichtigkeit

Sieben Jahre. Sieben Kontinente. Keine Wohnung. Kein Büro. Frei von allem. Freier und selbstbestimmter hätte ich die letzten sieben Jahre nicht leben können. Dennoch habe ich Dinge getan, die ich heute nicht mehr tun würde. Und ich habe Dinge ausgelassen, die heute wichtig für mich sind. Im Wesentlichen ging es mir in diesen sieben Jahren meines 7 SUMMITS Projekts darum, zu lernen und zu verstehen. Es zog mich auf die höchsten Berge der Kontinente, um meinen Blick weit zu machen und meine Augen zu öffnen. Nach außen genauso wie nach innen.

Ich war begierig zu erfahren, welche Fülle das Leben uns bietet und welche Grenzen es uns setzt. Beide Erfahrungen habe ich mehrfach und reichlich machen dürfen. Letztlich waren es jedoch immer wieder die Menschen, die Spuren in mir hinterlassen haben. Die laute Musik einer tansanischen Hochzeitskapelle mitten auf der Straße erzählte von einer Lebensfreude, wie man sie im europäischen Straßenbild nur selten sieht. Die reine Freude am Tun, die etwas grundsätzlich anderes ist als das Streben nach Perfektion und Erfolg, das uns hierzulande begegnet. In der Antarktis, in der die Natur von so reiner, unnahbarer Schönheit ist, erlebte ich, wie Menschen aller Kontinente schneller zu einem großartigen Team zusammenwuchsen, als man Eis zu Wasser schmelzen kann. Man war angewiesen auf das Team, abhängig von einer Gruppe wildfremder Menschen und es fühlte sich großartig an.

Die Begegnungen auf meinen Bergexpeditionen und Reisen waren freundlich. Inspirierend. Manchmal oberflächlich. Manchmal anstrengend. In Momenten, in denen ich zweifelte, motivationslos und unsicher war, begegnete ich Menschen, die mir Vertrauen gaben. Vertrauen, dass das, was ich tat, einen Sinn macht. Auch wenn ich diesen Sinn manchmal erst viel später verstand. Gerade in Zeiten, die mir viel abverlangten, lernte ich zufrieden zu sein mit dem, was ist und was ich habe. Ich lernte innezuhalten und weniger zu vermissen. Und vor allen Dingen lernte ich, dass die Begegnung mit anderen Menschen immer auch eine Begegnung mit sich selbst ist.

Im Grunde sind sieben Jahre eine lange Zeit. Doch um etwas über das Leben zu lernen, sind sie zu kurz. Oder das Leben ist zu reich, zu vielfältig, zu widersprüchlich. Je nach Perspektive. Dennoch gibt es Spuren in mir, Rillen wie auf einer Vinylschallplatte, die eine Melodie haben und einen Namen. Ich nenne diese Melodie »L«. »L« wie Leichtigkeit.

Von dieser Leichtigkeit erzählt das Buch, das Sie in den Händen halten. Es möchte Sie dazu inspirieren, das Leben leichter zu nehmen. Nicht im Sinne von »das Leben auf die leichte Schulter nehmen« wie ein leichtfertiger Hallodri oder Hasardeur, sondern im Sinne von mehr Dankbarkeit für das, was wir haben und für das, was ist. Im Sinne eines selbstbestimmten und glücklichen Lebens, dessen eigener Gestalter wir – und nur wir – sind. Vor allem, wenn das Leben sich von seiner komplizierten Seite zeigt, ist es wichtig, aus seinem Gedankenkarussell auszusteigen. Einfach mal abzuschalten. Seinem Gehirn eine Pause zu gönnen.

Dieses Buch erzählt Geschichten von meinen Reisen. Ich nehme Sie mit auf die höchsten Berge der sieben Kontinente und in das Bordbistro der Deutschen Bundesbahn – sprich in den Alltag.

Wir begegnen prominenten Menschen wie Reinhold Messner oder dem Lama Geshe ebenso wie dem Verkäufer von nebenan oder Menschen, die ich im Rahmen meiner Vorträge getroffen habe. Wir können von jedem Menschen und von jeder Situation lernen. Das Entscheidende ist, die richtigen Fragen zu stellen. Denn manchmal sind schon die Fragen die Antworten, die wir suchen.

Wie leicht fühlt sich Ihr Leben an? Darf es ein bisschen mehr, ein bisschen leichter, ein bisschen selbstbestimmter sein? Dann heiße ich Sie auf den folgenden Seiten herzlich willkommen.

Gruß und viel »L«eichtigkeit

STEVE KROELER

PS: Auf meinen Reisen habe ich die Angewohnheit, Gedanken und »Learnings« des Tages zu kurzen Sätzen zu verdichten und auf Zettel zu schreiben. Einen Teil dieser Zettel poste ich hin und wieder auf Facebook unter www.facebook.com/7summits.strategie. Die Reaktionen meiner Fangemeinde auf diese Zettel berühren mich jedes Mal. Die Menschen schreiben mir, dass sie diese Impulse mit in ihren Tag nehmen, über sie nachdenken und sie als Inspiration nutzen. Letztlich waren diese Reaktionen auch der Anstoß für mich, über Leichtigkeit zu schreiben.

PPS: Häufig werden Sie zum Abschluss eines Textes einen QR-Code finden, der Sie zu Zusatzmaterial wie Videos, Blogs, Interviews und Ähnlichem führt. Laden Sie sich dazu einfach auf meiner Website www.leichtigkeits-training.de/qr-code eine App zum Scannen von QR-Codes auf Ihr Smartphone oder Tablet.

PPPS: Allen Supportern, die meinem Spendenaufruf für die Familien der 2014 am Everest verunglückten Sherpas gefolgt sind, widme ich in diesem Buch eine eigene Seite.

# Jetzt geht's los – alles wird leicht!

Im Jahr 2007 begann ich mich mit dem Thema »Leichtigkeit« zu beschäftigen. Nicht weil ich sie hatte, sondern weil ich sie brauchte. Lange Jahre habe ich als freier Personal Trainer und Mental Coach gearbeitet und nie so etwas wie finanzielle Sicherheit gespürt. Meine Geldbörse war immer leer. Mein Konto auch. Ich hatte viel zu wenige Aufträge. Den ganzen Tag über habe ich viel und hart gearbeitet. Auch am Wochenende. Trotzdem kam nie genug Geld rein. Ich bin jeden Abend mit Existenzangst ins Bett gegangen und morgens mit ihr wieder aufgestanden.

Statt in eine sichere Festanstellung zu gehen, bin ich immer größere Risiken eingegangen. Habe über meine Verhältnisse gelebt. Und dann mit den 7 SUMMITS im Jahr 2007 auch noch ein Projekt begonnen, von dem ich wusste, dass es mich im Verlauf der nächsten sieben Jahre mehrere Hunderttausend Euro kosten wird.

Nach außen habe ich dabei anscheinend oft den Eindruck vermittelt, dass ich das alles mit ganz viel Leichtigkeit mache. Viele Menschen haben mir gesagt, dass sie diese unbeschwerte Art faszinierend finden. Dass sie sich auch mehr Leichtigkeit in ihrem Leben wünschen. Aber ehrlich gesagt habe ich selbst lange Zeit nichts von dieser Leichtigkeit gemerkt. Mein Leben hat sich echt schwer angefühlt.

Ich fragte mich: Was kann ich tun, damit ich diese Schwere endlich loswerde? Diesen hohen Druck ablege? Den ganzen Stress abbaue? Wie kann ich Leichtigkeit provozieren und auch innerlich die Gelassenheit empfinden, die ich anscheinend nach außen schon ausstrahle?

Meine Antwort auf diese Fragen ist die 7 SUMMITS Strategie. Sie ist die Essenz dessen, was ich während meines 7 SUMMITS Projekts über Motivation, Teamgeist und Leichtigkeit gesehen und gelernt habe. Als mentales Trainingssystem für mehr Leichtigkeit hilft sie uns, unsere Denkmuster und unser Verhalten in sieben Disziplinen zu hinterfragen und zu entwickeln:

- Zielklarheit
- Fokussierung
- SupportTEAM
- Achtsamkeit
- Entscheidungsfreude
- Feiern
- Nachhaltigkeit

Die sieben Disziplinen stehen nicht für sich, sondern wirken zusammen. Denn für mich wurde Leichtigkeit erst spürbar, als ich mir darüber klar wurde, was ich wirklich will. Als ich mich zu hundert Prozent auf diesen Traum fokussierte. Als ich mein Umfeld so gestaltete, dass es mich und mein Ziel unterstützt. Als ich mehr auf mein Herz hörte. Als ich mich entschied, mich von all meinem Besitz zu trennen und mehrere Jahre nicht mehr zu besitzen, als in einen Rucksack passt. Als ich Erfolge viel bewusster als früher feierte. Und als ich über Seminare und Vorträge begann, an andere weiterzugeben, was ich in den Bergen über Leichtigkeit gelernt habe.

Immer wieder werde ich gefragt: »Steve, was hat Bergsteigen mit Leichtigkeit zu tun? Wenn du an der körperlichen und mentalen Leistungsgrenze einen Rucksack mit zwanzig Kilo auf dem Rücken da hochschleppst, ist das doch nicht leicht!« Korrekt. Bergsteigen ist körperlich und mental eine extrem anstrengende Angelegenheit. Bergsteigen hat an sich nichts mit Leichtigkeit zu tun. Das Gefühl von Leichtigkeit stellt sich erst nach der Rückkehr vom Berg ein. Wenn die Teilnehmer einer unserer Seminarreisen an den Kilimandscharo und ich mit einem ganz anderen Bewusstsein dafür, was wir leisten können, in unseren Alltag zurückkehren. Wenn wir einer neuen Herausforderung gegenüberstehen und wissen: Ich habe doch schon einmal viel Größeres gemeistert – warum sollte ich das hier jetzt nicht auch packen können?

Leichtigkeit bedeutet, mit weniger Druck und mit mehr Energie seine Ziele zu erreichen und dabei immer noch ausreichend Ressourcen zu haben, um seinen Erfolg auch genießen zu können.

Das bedeutet auch, weniger zu zweifeln. Wenn wir uns fragen »Kann ich das? Soll ich das wirklich tun? Wenn ja, wann soll ich am besten damit beginnen? Und was wäre, wenn ...?«, hat das wenig mit Leichtigkeit zu tun. Erst wenn wir die Phase der Unsicherheit und des Planens verkürzen, können wir mit dem für uns richtigen Maß an Energie die Dinge schneller umsetzen.

Wenn wir Leichtigkeit trainieren, können wir im Alltag besser Hoffnung und Zuversicht provozieren, das heißt, sie durch unser Handeln und Denken ganz bewusst hervorrufen. Wir sind dann nicht länger unsicher, ob wir etwas können. Wir wissen, dass wir es drauf haben.

In der richtigen Geschwindigkeit zu leben und das eigene Lebenstempo zurückzuerobern, ist ein weiterer Aspekt von Leichtigkeit. Wenn nicht die Zeit uns kontrolliert, sondern wir selbst der Herr über unsere Zeit sind, können wir klarer denken. Und wir haben einfach viel mehr Zeit. Für uns. Für andere. Für unsere Träume. Für alles, was uns wirklich wichtig ist.

Immer wieder höre ich, wie andere von ihrem Alltag erzählen: »Ich habe so viel zu tun«, »Ich bin immer so gestresst«, »Ich habe keine Zeit mehr für mich«, »Ich kann es mir einfach nicht leisten, pünktlich Feierabend zu machen«. Bei mir entsteht dann alles andere als Mitleid. Ich bin eher erschrocken. Denn ich weiß von mir selbst, wie schwer der Tag ist, wenn wir ihn mit dieser Haltung angehen. Wenn wir echt glauben, was wir da sagen. Wenn wir glauben, dass es so sein muss.

Heute weiß ich, dass wir eine Wahl haben. Dass der viele Stress und der hohe Druck in uns selbst entstehen. Dass es unsere Entscheidung ist, wie wir damit umgehen. Dass es an uns liegt, ob, wann und wie wir Sachen annehmen.

Zugegeben: Nicht immer ist alles leicht. Es geht auch gar nicht darum, etwas schönzureden. Sondern es geht darum, die Intensität des Lebens ganz bewusst zu spüren. Sie voll wahrzunehmen. Mit all der Freude. Der Wärme. Der Trauer. Der Wut. Der gesamten Vielfalt.

Letztlich geht es immer um die Frage:

> **Kontrollieren Sie Ihr Leben?**
> **Oder kontrolliert Ihr Leben Sie?**

Um mehr Leichtigkeit zu gewinnen, gibt es kein besseres Mittel, als über uns, unser Denken und unser Tun nachzudenken. Kraftvolle Fragen, die wir uns stellen und die wir gestellt bekommen, sind der Schlüssel zu mehr Leichtigkeit. Sie lassen das, was wir bisher als selbstverständlich betrachtet haben, in neuem Licht erscheinen. Sie bringen neue Gedanken hervor. Sie bewirken ein Umdenken. Und leiten damit eine Veränderung ein.

Die Impulse in diesem Buch erzählen von den Disziplinen der 7 SUMMITS Strategie. Sie berichten von Zielklarheit. Von Fokussierung. Von unserem ganz persönlichen SupportTEAM. Von Achtsamkeit und Entscheidungsfreude. Vom Feiern. Und von Nachhaltigkeit. Aber die Impulse in diesem Buch stellen auch Fragen. Fragen an Sie ganz persönlich. Fragen, die Sie vielleicht berühren werden, weil Sie einen Bereich Ihres Lebens ansprechen, in dem Sie noch nicht so viel Leichtigkeit erleben, wie es eigentlich möglich wäre.

Wollen Sie loslegen? Dann nehmen Sie sich doch noch kurz die Zeit, auf meiner Website www.leichtigkeits-index.de Ihren ganz persönlichen Leichtigkeitsindex zu bestimmen. Nutzen Sie dieses kostenlose Tool, um über eine Reihe von Fragen zu bestimmen, wie hoch der Grad Ihrer individuell empfundenen Leichtigkeit derzeit ist. Ich empfehle Ihnen auch, den Test nach einer gewissen Zeit noch einmal durchzuführen und neu zu messen, wie es dann um die Leichtigkeit steht.

Denn das Leben darf leicht sein. Und damit auch Ihr Leben.

Verbringst Du mehr Zeit damit zu lachen oder Dir Sorgen zu machen?

# 1. Der lachende Lama

**09.04.2014, Pangboche, Nepal.** Auf dem Weg zum Basislager des Mount Everest halten wir bei Lama Geshe. Er ist der bekannteste und ranghöchste Lama im Everest-Gebiet und wie alle internationalen Bergsteiger und einheimischen Sherpas kommen wir vor der Besteigung zu ihm und lassen uns von ihm segnen.

Wir sind in seiner kleinen und spartanisch eingerichteten Hütte. Sie liegt auf 3985 m Höhe, es ist frisch. Wir trinken Tee und sitzen dicht an dicht auf Plastikstühlen um ihn herum. Jeder versucht seinen Stuhl so zu rücken, dass er einen möglichst guten Blick auf Lama Geshe hat. Wir sitzen gespannt da. Wenn gesprochen wird, dann nur im Flüsterton. Hier und dort hört man das Klicken von Fotoapparaten, denn jeder versucht, diesen besonderen Moment für sich festzuhalten.

Lama Geshe trägt ein rotes Mönchsgewand und eine Brille. Körperlich macht er einen geschwächten Eindruck, weil er sich noch immer von einer Krankheit erholt. Der ganze Raum ist gefüllt von seiner Ruhe und Weisheit. An den Wänden hängen Fotos von internationalen Bergsteigern, die ich aus dem Fernsehen und den Medien kenne. Sie stehen auf dem Gipfel des Everest und halten eine kleine Karte in die Kamera. Auf dieser Karte steht die Segnung, die Lama Geshe jedem Bergsteiger individuell mit auf die Reise zum höchsten Berg der Welt gibt. Sie soll den Bergsteiger auf seinem Weg begleiten und schützen.

Bei der Zeremonie merkt jeder von uns, dass es um etwas Wichtiges geht. Uns wird noch einmal bewusst, dass der Everest eine

Diese Seite ist für
Silke Remscheidt

sehr gefährliche Angelegenheit ist. Die Stimmung ist respektvoll. Respekt vor dem Mann, der vor uns sitzt. Respekt vor der Reise, die uns erwartet. Gleichzeitig ist viel Leichtigkeit im Raum. Lama Geshe lacht viel, auch wenn wir nicht immer wissen, warum.

Er ist interessiert und fragt, aus welchen Ländern wir kommen. Warum wir an den Everest wollen. Dann beginnt er Gebete zu murmeln, die keiner versteht. Er wirft gesegneten Reis durch den Raum. Er schmeißt mit solcher Wucht, dass der Reis in dem engen Raum gegen die Decke prallt und in unsere Teetassen fällt. Darüber muss Lama Geshe lachen. Wir auch.

Im Anschluss an die Zeremonie frage ich unseren Expeditionsleiter, warum Lama Geshe so viel lacht. Es ist das gleiche Lachen, das ich auf den Gesichtern ganz vieler nepalesischer Mönche und auch auf Fotos und Videos beim Dalai Lama gesehen habe. Er antwortet mir: »He laughs so much because he has a light heart.« Sein Herz ist leicht – darum lacht er so viel.

Ich beginne darüber nachzudenken, wie viel ich in meinem Alltag lache. Viel? Wie viel ist überhaupt viel? Ist das einmal in der Woche? Dreimal am Tag? Jede Stunde mehrmals? Habe ich in meinem Alltag überhaupt etwas zu lachen? Oder mache ich mir meistens Sorgen? Befürchte ich immer das Schlimmste? Ärgere ich mich, wenn ich an der Kasse warten muss? Schimpfe ich über eine rote Ampel? Andere Autofahrer? Verpasste Chancen?

Ich denke auch an die Menschen, mit denen ich meinen Alltag teile. Mein Team. Meine Partnerin. Meine Freunde. Meine Familie. Meine Nachbarn. Mein Gemüsehändler. Wie viel lachen sie? Bekomme ich gute Laune von ihnen? Oder vergeht mir bei ihnen eher das Lachen?

Und welche Wirkung habe ich auf sie? Vielleicht bringe ich andere Menschen zum Lachen? Lachen sie mit mir? Oder stecke ich sie mit meiner schlechten Laune an?

Lachen ist ein Ausdruck von Leichtigkeit. Leider haben viele Menschen im Alltag nichts zu lachen. Oder sie glauben das zumindest. Jedenfalls lachen sie nicht – aus welchen Gründen auch immer.

Dabei haben wir die Wahl, wie viel Lachen in unserem Alltag ist. Natürlich gibt es Situationen, in denen uns das Lachen vergeht. Aber oft liegt es an uns, ob wir die Dinge ernster nehmen als sie sind oder ob wir in der Lage sind, auch mal über uns selber zu lachen.

Egal wie schwer unser Alltag scheint: Wir können entscheiden, ob wir uns mit den Menschen umgeben, die schlechte Stimmung verbreiten – oder mit den Menschen, die uns zum Lachen bringen.

> **Wie sieht Ihr Umfeld aus? Bringt es Sie zum Lachen – oder nicht?**
> **Und Sie? Bringen Sie Ihr Umfeld zum Lachen – oder nicht?**

Wir können
nicht gleichzeitig
dankbar und
unzufrieden sein!

# 2. Schon wieder Rudolph!

24.12.2013, Hamburg. »Rudolph, the red nosed reindeer ...« – das höre ich heute schon zum fünften Mal im Radio. Dabei ist es erst 11:00 Uhr morgens.

Vor mir liegen Briefpapier und Stift auf dem Küchentisch. Jeden Tag schreibe ich haufenweise E-Mails. Heute möchte ich Briefe schreiben. Fünf Briefe an fünf Menschen, die schon viel zu lange nichts mehr von mir gehört haben. Menschen, die mir zu Beginn meines 7 SUMMITS Projekts ganz nah gewesen sind. Die mich weite Strecken unterstützt haben. Ohne die das Projekt nie zu dem geworden wäre, was es jetzt ist.

Zu all diesen Menschen ist der Kontakt irgendwann abgebrochen. Weil ich mich zu oft nicht gemeldet habe. Weil ich zu sehr mit meinem Projekt beschäftigt war. Weil ich zu viel mit mir selbst zu tun hatte.

Im Laufe der letzten Monate habe ich viel darüber nachgedacht, wie ich wieder Kontakt zu ihnen aufnehmen kann. Wann der richtige Zeitpunkt dafür ist. Wie ich die Verbindung wieder herstellen möchte. Denn für eine schnelle, flüchtige E-Mail stand zu viel ungeklärt im Raum. Und mit einem Anruf aus dem Nichts wollte ich nicht einfach so in ihren Alltag donnern.

Deshalb fand ich einen handschriftlichen Brief angemessen. Ich nehme den Stift in die Hand und schreibe los. Ich schreibe, dass ich dankbar bin für alles, was wir zusammen erlebt und geteilt haben. Dass ich meine Dankbarkeit und Wertschätzung für das, was sie für mich getan haben, nie so ausdrücken konnte, wie ich sie empfinde. Dass sie immer ein wichtiger Teil in meinem Leben waren, auch wenn sie das vielleicht nicht immer gemerkt haben.

Es fühlt sich gut an, über das Ungeklärte hinwegzusehen. Enttäuschung und Groll beiseitezuschieben. Mich an das Schöne zu erinnern. Endlich die Dankbarkeit zuzulassen für das, was wir einmal geteilt haben. Dankbar zu sein für die Freundschaft, die Nähe, die Intensität, die es einmal zwischen uns gab.

Erst nachdem sich mein Fokus und meine Einstellung verändert haben, konnte ich diese Briefe überhaupt schreiben. Erst die Dankbarkeit hat die Kontaktaufnahme möglich gemacht. Sie ist das bindende Glied zwischen uns, nicht die Enttäuschung oder der Zorn. Sie gab mir den Impuls, den ersten Schritt zu tun.

Wenn wir unzufrieden sind, empfinden wir einen Mangel. Wir wollen etwas haben, besitzen, machen oder erwarten vom anderen etwas, was zum aktuellen Zeitpunkt unerfüllt bleibt. Dieser Zustand hat nichts mit Leichtigkeit zu tun.

Dankbarkeit entsteht, wenn wir das annehmen, was da ist. Uns auf das Hier und Jetzt konzentrieren. Die Vorteile fokussieren. Die schönen Seiten sehen können. Das hat etwas mit Aufmerksamkeitsregulation zu tun. Wir selbst entscheiden, ob wir unsere Aufmerksamkeit auf das richten, was fehlt – oder auf das, was schon da ist.

Dankbarkeit ist eine besondere Form der inneren Fokussierung. Sie ist eine Haltung, die ganz viel Leichtigkeit schafft. Und das Gute daran ist: Das können wir trainieren. In meinen Seminaren bitte ich die Teilnehmer, sich auf ein Experiment einzulassen und sich einundzwanzig Tage lang am Stück jeden Abend mit dem Gedanken »Für welche drei Dinge bin ich heute dankbar?« ins Bett zu legen. Sie erzählen, dass sie dadurch in einen Modus kommen, in dem sie sich nicht mehr automatisch überlegen, was heute doof gelaufen ist, sondern dass sie in einen Zustand kommen, in dem sie mit einem Grundgefühl der Dankbarkeit durch ihren Alltag laufen.

Das ist ein klassischer Trainingseffekt. Wer viel schwimmt, wird im Schwimmen besser. Wer viel jongliert, wird im Jonglieren besser. Wer viel dankbar ist, erlebt mehr Dankbarkeit. Durch die Übung optimieren wir unsere Fähigkeit, unseren Zustand der Unzufriedenheit in einen Zustand der Dankbarkeit zu verändern.

Nur wenn wir in unserem Inneren ganz viel Dankbarkeit spüren, können wir das auch nach außen zeigen. Das hat auch Auswirkungen auf unser Umfeld. Dankbarkeit verbindet.

> Wer aus Ihrem Umfeld hat schon lange ein Dankeschön von Ihnen verdient?

Machst Du etwas mit dem Tag oder der Tag etwas mit Dir?

# 3. Fernsehen bis zum Testbild

**03.01.2014, Dresden.** Ich stehe im Seminarraum. Vor mir sitzen zwanzig Finanzmakler. Sie sind jung, wissbegierig, hungrig. Kurz vor dem Seminar haben sie ihre Jahresplanung für 2014 erstellt.

Nun soll ich ihnen die nötige Startunterstützung geben, damit sie den Turbo zünden können. Strategien vermitteln, wie sie langfristig motiviert bleiben. Mentale Konzepte verdeutlichen, mit denen sie auch unter schwierigen Bedingungen ihre persönliche Bestleistung abrufen. Erklären, wie sie auch mit Rückschlägen oder Veränderungen erfolgreich umgehen. Herausarbeiten, wie sie sich so fokussieren, dass sie ihre Jahresziele auch wirklich erreichen.

Die Stimmung ist gut. Positiv. Zur Motivation hat der Chef versprochen, dass jeder, der seine Jahresziele erreicht, 2015 an einer meiner Kilimandscharo-Seminarreisen teilnehmen kann. Um sich persönlich weiterzuentwickeln. Um neue Horizonte zu entdecken. Um eine körperliche und mentale Grenzerfahrung zu erleben. Und danach mit neuer Energie und innerer Klarheit die nächsten Ziele ins Auge zu fassen.

Die Teilnehmer bekommen von mir die Aufgabe, sich ihren typischen Tagesablauf anzuschauen. Ich erkläre die Übung: »Überlegen Sie sich, womit Sie jeden Tag wie viel Zeit verbringen. Wann stehen Sie auf, wann gehen Sie ins Bett? Wie verbringen Sie die wachen Stunden dazwischen? Was machen Sie während eines typischen Arbeitstages? Welche Ihrer beruflichen Tätigkeiten dauert wie lange? Wie verbringen Sie Ihre Freizeit? Wie viel Zeit nehmen Familie, Freunde und Ihre Hobbys in Anspruch? Und dann fragen Sie sich bitte: Wie passen meine Tagesaktivitäten zu den Jahreszielen, die ich mir gesteckt habe?«

Übungen wie diese sind wichtig, um zwischen den Dingen, die uns von unserem Ziel fernhalten, und den Dingen, die uns unserem Ziel näher bringen, zu unterscheiden. Denn oft fehlt uns in unserem überladenen Alltag der Blick für das, was wirklich auf das Konto unserer Ziele einzahlt. Ob im Meeting mit einem wichtigen Kunden, beim Einkaufen nach Feierabend, in der U-Bahn auf dem Weg zum Sport oder beim 85. Geburtstag der Oma – in jeder wachen Minute sind wir einer unüberschaubaren Menge an Informationen ausgesetzt. Und deswegen reagieren wir oftmals nur, anstatt zu agieren. Wir entfernen uns von uns selbst, von unserem Kern. Wir funktionieren nur noch und leben unfokussiert in den Tag hinein, anstatt ganz bewusst das Beste aus jedem einzelnen unserer Tage zu machen.

Einer der Finanzmakler aus dem Seminar berichtete zum Beispiel, dass er ziemlich viel fernsieht. Etwa vier Stunden pro Tag. Wir rechnen. Wenn man davon ausgeht, dass er sechzehn Stunden pro Tag wach ist, verbringt er jeden Monat acht Tage nur mit Fernsehgucken. Acht Tage, in denen er nichts tut, was ihn seinem Ziel näher bringt.

Ich frage den Teilnehmer: »Angenommen, Sie lassen den Fernseher einfach mal aus. Wie viel Zeit würden Sie damit in den nächsten drei Monaten gewinnen?« »Vierundzwanzig Tage.« »Und was könnten Sie stattdessen tun, was Ihnen Spaß macht und was Sie Ihrem Ziel näher bringt?« »Ich könnte mehr Sport treiben. Ich könnte zum Beispiel meine Neu- und Bestandskunden beim Golfspiel zusammenbringen.«

Nur wenn wir uns wie dieser Finanzmakler bewusst machen, was uns unserem Ziel näher bringt und was nicht, können wir wieder die Führung über unser Leben übernehmen. Unser Leben gestalten, statt von ihm gestaltet zu werden. Dafür sorgen, dass nicht der Tag etwas mit uns macht, sondern wir etwas aus unserem Tag.

Wenn wir eine Unterscheidung treffen zwischen den Tätigkeiten, die auf unser Zielkonto einzahlen, und den Tätigkeiten, die uns daran hindern, unser Ziel zu erreichen, können wir mit dem aufhören, was uns nicht weiterbringt. Und können stattdessen ganz viel von dem machen, was unsere Träume zur Realität werden lässt.

> **Welche Ihrer Gewohnheiten hält Sie davon ab, Ihr Ziel zu erreichen?**

Wer selbstbestimmt leben will, muss wissen, was er wirklich will!

# 4. Nur die Liebe zählt

**12.04.1014, Nepal.** Nach neun Aufstiegstagen sind wir kurz davor, das Basislager des Mount Everest auf 5400 m Höhe zu erreichen. In den letzten Tagen hat das Wandern unser Leben bestimmt. Steine und Schnee unter uns, neben uns, über uns. Uns umgibt die majestätischste Berglandschaft der Welt.

Zunehmend merken wir die Höhe. Wir gehen langsam und bedächtig, um dem Körper die Zeit zu geben, sich an die dünne Luft zu gewöhnen. Manchmal hören wir ein Bimmeln hinter uns. Dann wissen wir: Ein Yak kommt. Mit ihrem dicken Fell macht ihnen die Kälte nichts aus. Sie tragen Zelte, Lebensmittel, Kochgeschirr, das Equipment der Expeditionsleiter, Bergsteiger und Sherpas und noch vieles mehr nach oben – alles, was man so braucht, um wochenlang am Berg zu bleiben. Dabei lassen sich die Yaks nicht so leicht aufhalten. Wer nicht rechtzeitig aus dem Weg springt, den laufen sie um.

Ich unterhalte mich mit Michael, unserem Expeditionsleiter aus British Columbia. 2011 hat er es als erster Mensch geschafft, den Gipfel des Mount Everest auf 8848 m und den Gipfel des Lhotse auf 8516 m innerhalb von vierundzwanzig Stunden zu erreichen. Nun ist er vor Kurzem Vater eines Sohnes geworden. Kurz nach dessen Geburt ist er zu einer Bergexpedition aufgebrochen. Von dort aus ging es direkt hierher zum Everest. Nach der insgesamt zweiundsiebzigtägigen Everest-Expedition wird er für einen Tag nach Hause fliegen und dann am nächsten Tag direkt wieder aufbrechen, um am Mount McKinley, dem mit

6194 m höchsten Berg Nordamerikas, die nächste Expedition zu leiten.

Mich beeindruckt, wie Michael zwischen den Extremen wandert. Er hat ein neugeborenes Leben zu Hause, während seine Expeditionen von permanenter Lebensgefahr bestimmt sind. Gemeinsam mit seiner Frau hat er sich bewusst für dieses Leben entschieden. Sie ist auch Expeditionsleiterin, daher kennt und liebt sie das Abenteuer und Leben am Berg genauso wie er.

Mich beschäftigen die folgenden Gedanken: Wenn ich wüsste, dass ich zwischen zwei Expeditionen nur einen Tag Zeit zu Hause hätte, was würde ich tun? Womit würde ich diese vierundzwanzig Stunden verbringen? Was wäre da das Wichtigste? Ich frage Michael. Er überlegt nicht lange. Mit fester Stimme antwortet er: »Es zählt nur eines. Unsere Liebe.«

Aus diesen Worten spricht eine ganz große Klarheit. Er hat für sich geklärt, was an diesem Tag dran ist und was nicht. Er und seine Familie werden nur das tun, was für sie in diesem Moment wirklich zählt.

In unserem Alltag nehmen wir oft nicht so aktiv Einfluss auf unser Leben. Wir keulen von montags bis freitags unsere Arbeit runter und freuen uns auf das Wochenende, wenn endlich frei ist. Und dann ertappen wir uns dabei, dass wir den ganzen Sonntag die Bude aufräumen. Statt selbstbestimmt das zu machen, worauf wir wirklich Lust haben, sind wir auch hier fremdbestimmt. Wir folgen unserer inneren Stimme, die sagt »Du kannst doch nicht den ganzen Samstag im Bett verbringen« oder »So unaufgeräumt, wie das hier ist, kannst du keinen Besuch empfangen«.

Wir gehen zu Verabredungen, auf die wir keine Lust haben. Wir wohnen immer noch in der Wohnung, in der wir uns eigentlich unwohl fühlen. Wir sagen uns seit Jahren »Wenn ich einmal mehr Zeit habe, dann werde ich endlich ...«.

In so einer Situation hilft es sich zu fragen: Was tue ich in meiner Freizeit? Die Dinge, die mir Spaß machen, oder das, was andere an mich herantragen? Wie zufrieden bin ich damit, wie mein Job gerade läuft? Mit der Aufgabenverteilung, den Arbeitszeiten, dem Gehalt? Wie steht es um meine Partnerschaft? Unseren Umgang, unsere Kommunikation, unsere Nähe?

Wir selbst haben in der Hand, was für ein Leben wir leben.

**Führen Sie das Leben, das Sie immer leben wollten?**

Um herauszufinden, was wir wirklich wollen, müssen wir unser Gehirn ausschalten!

# 5. Und jetzt? Ausschalten!

**13.03.2013, Tansania.** Wir sind mitten in der bereits siebten Kilimandscharo-Seminarreise seit 2007. In acht Tagen steige ich mit den Teilnehmern auf das Dach von Afrika. Ermögliche Ihnen eine Auszeit vom Hamsterrad ihrer täglichen Routine. Sieben sechzig- bis neunzigminütige Impuls-Workshops sorgen dafür, dass es nicht nur eine Bergbesteigung, sondern auch eine Reise zu sich selbst wird. Denn viele Teilnehmer suchen eine Antwort darauf, wie es mit ihrem Leben weitergehen soll. Viele sagen sich: »Bis hierhin war mein Leben gut. Aber jetzt fehlt etwas. Ich kann nur nicht genau sagen, was das ist.«

Eginhard Kieß, einer der Teilnehmer, hat andere Beweggründe. Als Geschäftsführer des Premium Personal Trainer Clubs und Vater zweier Kinder sucht er wieder nach mehr Leichtigkeit für seine täglichen Herausforderungen in Beruf und Familie. Er will mit dieser Reise ganz bewusst Abstand von seinen täglichen Verpflichtungen schaffen. Sucht Zeit zum Reflektieren. Möchte über sein Leben nachdenken.

Die heutige Etappe ermöglicht genau das. Es geht zum Basislager Kibo auf einer Höhe von 4703 m. Es ist das letzte Camp vor dem Gipfel auf 5895 m Höhe. Der Weg führt uns durch die alpine Wüste. Weit und breit ist weder eine Pflanze noch eine Bar zu sehen. Sand und Steine, so weit das Auge reicht. Wir erahnen in der Ferne den Weg, der sich in Serpentinen hoch schlängelt. Ab und zu ziehen Wolken vorbei. In ihnen ist es spürbar kühler. Wir können die Tropfen der Luft im Gesicht spüren. Manchmal können wir über uns den blauen Himmel und den Gipfel sehen. Wir genießen die Weite der Natur und die Auszeit vom Alltag. Uns berührt die unglaubliche Weite und Stille, die wir hier oben erleben. Die Stille der Natur. Eine solche Ruhe erleben wir im Alltag kaum. Denn dort hören wir vor allem die Stimmen der anderen.

Genau darin liegt die Kraft der alpinen Wüste. Denn wenn es um uns herum ganz still wird, wird es in uns ganz laut. Was wir dann hören, ist die Stimme unseres Herzens und die Antwort auf die Frage »Was wollen wir wirklich?«.

Zurück in Deutschland erzählt Eginhard, dass er in der Stille der alpinen Wüste viel Klarheit für sich gefunden hat. »Ich empfinde tiefe Dankbarkeit für mein Leben, für meine liebe bereichernde Familie, für die Fürsorge meiner Eltern, für meine Freunde und den beruflichen Erfolg. Meine Zielsetzung hat sich nicht geändert, im Gegenteil. Aber nun achte ich darauf, mit mehr Leichtigkeit durchs Leben zu gehen, und lege mehr Fokus auf das Thema Dankbarkeit. Wir sollten öfters dankbar sein für das, was wir erreicht haben.«

Manchmal reicht es, wenn wir wie Eginhard einfach nur in uns hineinlauschen – und plötzlich sind Antworten da. Aber sie brauchen Zeit, um heranzuwachsen. Und wir brauchen Zeit, um das zuzulassen. Zeit um auszuhalten, dass die Frage »Wie soll es weitergehen?« in unserem Leben präsent ist. Wenn wir versuchen, das Finden einer Antwort übers Knie zu brechen, werden wir enttäuscht. Wir können den Prozess nicht beschleunigen, indem wir uns an den Schreibtisch setzen und nach einer Antwort suchen. Wir können keine Lösung herbeizwingen. Zumindest nicht mit dem Verstand.

Wir können aktiv keine Lösung entwickeln. Aber es ist uns möglich, aktiv in die Stille hineinzugehen. Dazu können wir auf den Kilimandscharo steigen. Aber es geht natürlich auch anders. Stille lässt sich überall finden. Sie lässt sich überall provozieren. Wir haben die Wahl, ob wir morgens hektisch in den Tag starten oder den ersten Kaffee am Morgen ganz bewusst und allein trinken. Wir selbst entscheiden, ob wir die Abkürzung durch die laute Fußgängerzone nehmen oder den längeren Weg durch den leisen Park. Wir kommen unseren Antworten schon näher, wenn wir uns jeden Tag fünf bis zehn Minuten Zeit nehmen, um in uns hineinzuhorchen: Was will ich heute vom Tag? Was ist heute wichtig?

Die Antworten, die wir bekommen, sind so wie bei Eginhard nicht immer neu. Manchmal kennen wir sie schon. Aber wir vergessen sie im Alltag. Dabei ist die Stimme unseres Herzens immer da. In der Stille hören wir sie.

> **Wann gehen Sie raus aus dem Alltag und rein in die Stille?**

 Link zum Interview mit Eginhard Kieß über seine Erfahrungen am Kilimandscharo
http://leichtigkeits-training.de/44-5

Authentizität bedeutet nicht, perfekt zu sein, sondern echt zu sein!

# 6. Wie geht's dir?

**04.08.2014, Hamburg.** Mein Telefon klingelt. Ich kenne die Nummer. Es ist ein Teilnehmer vom letzten 7 SUMMITS Supporter Day. Wir haben uns gut unterhalten. Aber so wirklich kennen wir uns nicht. Ich gehe ran. Wir begrüßen uns. Er fragt: »Wie geht's dir?« Ich antworte nicht sofort, sondern denke über die Frage nach.

Eigentlich geht's mir heute nicht besonders gut. Aber will ich ihm das wirklich erzählen? Was hätte ich davon? Was hätte er davon? Falls ich ehrlich antworte, wird das Gespräch vermutlich länger als fünf Minuten dauern. Hab ich da gerade Lust und Zeit zu? Will ich also teilen, wie es mir wirklich geht? Oder weiche ich der Frage aus und erzähle einfach nur, was ich gerade mache?

Wenn wir Menschen fragen »Wie geht es dir?«, antworten sie häufig auf eine ganz andere Frage als auf die, die wir gestellt haben. Sie antworten nämlich auf die Frage »Was machst du gerade?« und sagen zum Beispiel »Ich arbeite«, »Ich muss gleich noch einkaufen« oder »Ich gucke Fußball«. Mit solchen Antworten sind wir beim Handeln, aber nicht beim Fühlen, worauf die Frage »Wie geht es dir?« ja eigentlich abzielt. Wir können ganz bewusst so antworten, um den anderen zum Beispiel nicht mit unserer schlechten Laune zu konfrontieren. Aber wir nehmen uns damit auch die Chance, wirkliche Nähe zu unserem Gegenüber aufzubauen und authentisch zu sein.

Sicherlich: Wir sind das, was wir täglich tun. Aber wir sind auch das, was wir fühlen. Authentisch zu sein bedeutet, Emotionen zu zeigen. Freude. Traurigkeit. Unsicherheit. Angst. Verletzlichkeit. Ohne Mitleid erregen zu wollen. Sondern einfach nur, um die Fassade mal abzulegen. Nahbar zu werden.

Das bedarf des Muts. Denn wir können nicht perfekt und authentisch gleichzeitig sein. Perfekt sein zu wollen, hat immer auch etwas mit Inszenierung zu tun. Die Vermarktung unserer Persönlichkeit, unseres Charakters, unseres Erfolgs. Dahinter steht der Wunsch nach Akzeptanz, Aufmerksamkeit, Status. Der Wille, von anderen gemocht zu werden. Der Drang, beim anderen gut anzukommen.

Je mehr wir versuchen, perfekt zu sein, desto größer ist die Gefahr, dass wir uns von unseren wirklichen Bedürfnissen, Befindlichkeiten und Gefühlen entfernen. Dass wir nur noch vorspielen, gut gelaunt und dankbar zu sein. Aber uns in Wirklichkeit gelangweilt, energielos, fantasielos und innerlich leer fühlen.

Es kostet Kraft, Dinge zu tun, auf die wir eigentlich keine Lust haben, nur um den Schein zu wahren. Sachen zu sagen, die wir eigentlich gar nicht meinen, nur um die Illusion aufrechtzuerhalten. Aus falsch verstandener Höflichkeit und Anstand etwas nicht zu sagen oder zu tun, was wir eigentlich gerne sagen oder tun würden. Langfristig gesehen bedeutet das einen großen Energieverlust. Und eine Menge Leichtigkeit, die uns verloren geht.

Erst wenn wir uns nach außen nicht anders darstellen, als wir sind, werden wir als authentisch wahrgenommen. Und um das zu tun, um wirklich authentisch zu sein, sollten wir uns über die Antwort auf folgende Fragen im Klaren sein:

> Was würde bleiben, wenn man Ihnen Ihren Beruf, Ihren Titel, Ihre Auszeichnungen, Ihren Besitz und Ihre Statussymbole nehmen würde – was bliebe dann von Ihnen übrig?

Erst wenn wir diese Frage für uns beantworten können, sind wir bei uns. Wir wissen, wer wir wirklich sind, und wir erleben dadurch eine Qualität von Leichtigkeit, in der man uns nichts mehr wegnehmen kann. Wir haben keine Verlustangst mehr. Wir kommen damit klar, wenn unser Handy geklaut wird. Unser Laptop kaputtgeht. Unser Fahrrad nicht mehr da steht, wo wir es abgestellt haben. Unser Auto einen Kratzer im Lack hat. Wir den Job verlieren. Denn alles, was wirklich wichtig ist, ist noch da.

Leidenschaft
können wir nur
dann spüren, wenn
wir in unserem
Handeln einen
echten Sinn sehen!

# 7. Sprung vom Everest

**11.04.2014, Pheriche, Nepal.** Zusammen mit ein paar anderen Trekkern und Bergsteigern sitze ich im ersten Stock eines Teahouses in einem großen Raum mit zwei Fensterfronten.

Ein Teahouse ist eine ganz karg eingerichtete Hütte mit Ein-, Zwei- und Mehrbettzimmern. Auf unserem Weg zum Basislager des Mount Everest übernachten wir jede Nacht in einem dieser Teahouses. Je höher wir kommen, desto spartanischer werden sie.

Heute sind wir nur eine kurze Strecke gewandert, um unseren Körpern genug Zeit zu geben, sich an die Höhe zu gewöhnen. Wir sind früh eingekehrt, haben geduscht und uns trockene Sachen angezogen. Nun sitzen wir hier, trinken Kaffee und Tee. Jeder liest oder schreibt Tagebuch. Es ist warm, das Licht scheint herein. Wir haben perfekte Sicht auf das Himalaya-Panorama. Die Stimmung ist entspannt. Wir alle genießen es, an diesem Ort zu sein und uns auszuruhen. Sonntagnachmittagsstimmung auf 4371 m Höhe.

Ich komme mit einem amerikanischen Bergsteiger ins Gespräch. Er ist Teil eines vierzigköpfigen Teams des Discovery Channel, einer weltweiten Fernsehsenderfamilie, deren Programme sich ausschließlich Dokumentationen widmen. Die Gruppe besteht aus Technikern, Kameramännern, Regisseur & Co. Sie haben an die vierzig Tonnen Equipment über Flugzeuge, Yaks und Sherpas mit auf den Berg gebracht.

Sie begleiten Joby Ogwyn, einen US-amerikanischen Bergsteiger und Stuntman, der als erster Mensch mit einem Wingsuit vom Gipfel des Everest auf 8848 m Höhe abspringen und erst im Basislager auf 5400 m Höhe wieder landen will. Das hat vor ihm noch keiner versucht. Es wäre einzigartig. Weltrekord.

Der Discovery Channel will seinen Sprung von allen möglichen Punkten und Winkeln aus filmen und dann live in die ganze Welt übertragen. Das Signal würde über Satellitenschüsseln vom Basislager nach Deutschland, von da in die Vereinigten Staaten und von dort an alle Fernsehgeräte der Welt gesendet werden. Nur zehn Sekunden Zeitverzögerung hätte so eine Live-Berichterstattung vom Mount Everest!

Mich beeindruckt, wie er von diesem Vorhaben berichtet. Seine Augen leuchten, wenn er davon erzählt. Als er sagt: »I am proud to be part of something big«, also, »Ich bin stolz darauf, an etwas Großem teilzuhaben«, hängt der Satz mit großer Wucht in der Luft.

Es ist sofort klar: Hier geht es um einen Eintrag in die Geschichtsbücher, der mit unglaublichem technischen Aufwand und gesundheitlichem Risiko geschrieben wird. Eine riesige Herausforderung für das ganze Team und ihn persönlich. Denn als Kameramann hat er noch mehr zu leisten als andere Bergsteiger. Wir kämpfen ja schon mit der Kälte, der Höhe, der Anstrengung. Und er schultert obendrein noch seine Kamera und konzentriert sich, um gute Bilder zu bekommen.

Es ist immer wieder etwas Besonderes, Menschen so begeistert von ihrer Arbeit erzählen zu hören. Ich frage mich: Wie können wir andere Menschen, zum Beispiel unsere Teammitglieder, dazu bringen, mit einer solchen Leidenschaft ihren Job zu machen?

Diese Seite ist für
Raimund Wurzel

Das ist nur möglich, wenn sie verstehen, wie wichtig ihr persönlicher Beitrag für das große Ganze ist. Wenn sie wissen, wie sie involviert sind. Wenn es um ein Ziel geht, das auch für sie persönlich wichtig ist und sie mit Stolz erfüllt.

Stolz, Spaß, Leidenschaft – all das entsteht nur, wenn wir wissen, warum wir etwas machen. Wenn wir das Gefühl haben, dass wir zu etwas Wichtigem beitragen. Wenn wir einen Sinn in dem sehen, was wir tun.

Dabei ist Sinnhaftigkeit nie etwas Objektives. Bergsteigen ist zum Beispiel für sich betrachtet ein total nutzloses Handeln. Ob Joby Ogwyn mit seinem Wingsuit vom Everest springt oder nicht, macht für viele Menschen keinen Unterschied.

Sinn ist subjektiv und es ist nicht wichtig, wie etwas von außen aussieht. Es zählt vielmehr, ob wir in unserem persönlichen Handeln einen kurz-, mittel- oder langfristigen Sinn sehen und spüren. Dann entsteht Motivation. Dann entsteht Leichtigkeit.

> **Was tun Sie, damit Ihre Teammitglieder begeistert von ihrem Job erzählen?**

Lebst Du heute
Deinen Traum
oder existierst
Du nur?

# 8. Das Leben ist (k)ein Ponyhof

**05.08.2014, Hamburg.** Es klingelt. Vor der Tür stehen zwei junge Männer einer Speditionsfirma, die meine neue Waschmaschine liefern. Beide sind groß und kräftig. Einer spricht Deutsch, der andere nicht. Sie kommen mit ihren dreckigen Schuhen herein, packen die alte Waschmaschine und tragen sie raus. Dann bringen sie die neue Waschmaschine rein. Der Flur ist voll mit ihren Fußspuren. In der Küche balancieren sie eng an einer Stange mit Kaffeetassen aus aller Welt vorbei. Bei jeder ihrer Bewegungen denke ich, dass etwas zu Bruch gehen könnte.

Plötzlich guckt mich einer der Männer an, sieht mir in die Augen und sagt aus dem Nichts: »Ich hasse meinen Job!« »Aha«, denke ich und frage nach: »Warum denn?« Er antwortet: »Wegen der Kunden. Die haben doch alle einen an der Klatsche. Und mein Kollege da. Versteht kein Deutsch, ich kann mich nicht mit dem unterhalten und muss trotzdem den ganzen Tag mit ihm unterwegs sein.«

Während sie die Waschmaschine anschließen, unterhalten wir uns weiter. Er ist fünfundzwanzig Jahre alt, hat ein Kind. Eigentlich will er sich schon lange einen anderen Job suchen, aber dafür hat er keine Zeit.

Ich frage mich: Erzählt der das eigentlich jedem, dem er etwas liefert? Weiß sein Chef eigentlich, was sein Mitarbeiter den Kunden erzählt? Und wenn der abends nach Hause kommt und mit seiner Frau und seinem Kind beim Abendbrot sitzt – was erzählt er denen? Wie blöd sein Tag war? Welchen durchgeknallten Typen er heute schon wieder etwas liefern musste? Wie er es hasst, wenn sein Kollege im Auto seine bulgarische Musik anmacht?

Wenn er in seinem Leben so unzufrieden vor sich hindümpelt und sich am Esstisch über die Welt und den Chef und überhaupt alles beklagt, ist er sich dann bewusst, was er seinem Kind mitgibt?

Wir alle tragen eine Verantwortung dafür, was wir unserem Umfeld, unserer Familie und unseren Kindern vorleben: durch das, was wir tun, wie wir es tun und auch durch das, was wir nicht tun.

Wenn wir nur unsere Unzufriedenheit ausdrücken und jammern, zeigen wir unseren Kindern und den Menschen um uns herum, dass wir unser Leben nicht selbst in der Hand haben. Wir reagieren nur, wir gestalten nicht. Wir akzeptieren, halten aus, durchleiden, statt uns der Verantwortung für unser persönliches Glück zu stellen.

Was passiert, wenn wir – vielleicht sogar aus falsch verstandener Rücksicht auf die eigenen Kinder – nicht das Leben leben, das wir eigentlich gerne führen würden? Unsere Kinder spüren, dass wir zwar zufrieden sind, aber nicht glücklich. Wir bringen ihnen bei, dass das Leben halt kein Ponyhof ist. Und dass man sich damit besser arrangiert.

Ob gerechtfertigt oder nicht – wenn wir schlecht über unsere Kollegen, unseren Chef, unsere Arbeit, unseren Partner, unsere aktuelle Lebenssituation sprechen, hat das immer einen Effekt auf unser Umfeld. Es geht nicht darum, die Unzufriedenheit zu unterdrücken und unserem Umfeld nicht mehr zu sagen, wie es uns geht, sondern unser Leben so zu leben, dass wir gar keinen Grund mehr haben, darüber zu meckern.

Wenn Eltern beispielsweise nur wegen der Kinder zusammenbleiben, arrangieren sie sich mit der Situation, sind aber nicht voll und ganz zufrieden damit. Sie sagen, dass sie glücklich sind, sind es aber nicht. Sie leben ihren Kindern ein falsches Bild von Partnerschaft und Liebe vor.

Wer aber seinen Traum lebt und damit glücklich ist, kann eine ganz andere Qualität von Liebe vermitteln. Dann können wir ganz viel echte Liebe geben. Und das ist das, was wirklich zählt.

> **Könnten Sie es vor sich selbst und Ihren Kindern verantworten, Ihre Träume zu unterdrücken?**

Das Leben wird leichter, wenn wir uns weniger darum kümmern, was die anderen sagen!

# 9. Hoch oder runter?

**24. Mai 2013, Alaska.** Eingemummelt in meinen Schlafsack liege ich um 00:24 Uhr bei -15 °C in Camp III am Mount McKinley. Die Nacht ist ruhig und windstill. Aus den Nachbarzelten höre ich Schnarchgeräusche. Der McKinley ist der sechste Berg meines 7 SUMMITS Projekts. Auf fünf Gipfeln stand ich bereits.

Im Vergleich zu den anderen sechs Expeditionen gibt es bei der Besteigung des McKinley keine Träger, die einen dabei unterstützen, das Equipment und das Essen zu tragen. Den ganzen Tag über hatte ich also einen Teil meines Gepäcks vom Camp III in Richtung Camp IV geschleppt, auf drei Viertel der Strecke zwischengelagert und bin dann wieder zum Camp III abgestiegen. Knappe neun Stunden war ich dafür unterwegs.

Es passierte etwas, womit ich nicht gerechnet hatte. Bei jedem zweiten Schritt kam mir der Gedanke »Was mache ich hier eigentlich?«. Ich kannte Phasen des Zweifels von meinen letzten Expeditionen. Aber dieses Mal war es anders. Die Zweifel nahmen nicht ab, sondern wurden immer intensiver. Wofür genau schleppe ich eigentlich gerade vierzig Kilogramm den Berg hinauf? Ich verstand das auf einmal nicht mehr. Körperlich hatte ich noch viele Reserven. Ich war in der Lage, meine körperlichen Ressourcen optimal einzusetzen, und ich war mir sicher, dass ich es bis zum Gipfel schaffen könnte. Dennoch gab es diese Zweifel.

Als ich in meinem Schlafsack liege, begreife ich, dass ich mir zum ersten Mal ernsthafte Gedanken darüber mache umzudrehen. Erschrocken – fast erstarrt – beginnt ein vierstündiges anstrengendes Hin und Her im Kopf. Ich suche nach einer Antwort auf die Frage »Für was genau mache ich das noch mal?«.

Diese Stunden der Unklarheit sind für mich verdammt anstrengend. In der einen Sekunde bin ich mir sicher: Ich steige ab! Zwei Sekunden später denke ich: Während der letzten Tage kann ich mich auch noch zusammenreißen. Ich steige weiter auf! Und dazwischen viele weitere Gedanken: Will ich mir und den anderen nicht beweisen, dass ich das schaffe? Welche Erwartungen haben die Menschen, die mein Projekt unterstützen? Welche Erwartungen hat mein Team zu Hause?

Um 04:27 Uhr treffe ich endgültig eine Entscheidung. Folgende zwei Fragen brachten mir hundert Prozent Klarheit:

1. Bin ich innerlich reicher, wenn ich bis zum Gipfel aufsteige, oder bin ich innerlich reicher, wenn ich umdrehe? Meine Antwort: Ich bin innerlich reicher, wenn ich umdrehe. Denn ich weiß, wie es sich auf einem Gipfel anfühlt. Das habe ich häufig genug erlebt: Es ist immer gleich. Ich bin kaputt und kann von oben auf die Wolken herunterschauen. Das Thema »Umdrehen« hingegen ist neu.

2. Fühle ich mich frei, wenn ich weiter aufsteige, oder fühle ich mich frei, wenn ich absteige? Auch diese Antwort ist für mich sehr klar: Ich fühle mich frei, wenn ich absteige, weil es das ist, was mein Bauchgefühl sagt. Weil es das ist, was ich wirklich will. Denn es ist egal, was andere sagen werden. Es ist mein Leben.

Somit habe ich die Entscheidung getroffen abzusteigen. Und damit kommt eine neue Frage auf: Bin ich gescheitert? Das kann ich klar mit Nein beantworten. Für mich ging es immer um etwas ganz anderes als um den Gipfel: Sinnhaftigkeit. Ich habe das 7 SUMMITS Projekt als Lernprojekt gestartet. Wissenszuwachs und persönliche Weiterentwicklung waren mein Ziel. Und durch das Umdrehen habe ich deutlich mehr gelernt, als wenn ich bis zum Gipfel weitergegangen wäre.

Ob wir unseren Traum erreichen oder scheitern, können wir nur selbst entscheiden. Wir sind unser eigener Maßstab. Wenn wir uns weniger darum kümmern, wie andere unseren Traum und unseren Erfolg dabei bewerten, kommt Leichtigkeit in unser Leben.

> **Wessen Ziel verfolgen Sie gerade – Ihr eigenes oder das Ziel anderer?**

Link zu meinem Erlebnisbericht von der McKinley-Expedition
http://leichtigkeits-training.de/44-9

Leichtigkeit
fängt da an,
wo Du Dich
entscheidest,
Du selbst zu sein!

# 10. Dresscode »Black & White«

10.09.2011, München. Es ist die Gala-Night der German Speakers Association GSA, neben der National Speakers Association der USA die weltweit größte Vereinigung professioneller Vortragsredner. Heute wird der weltweit bekannteste Bergsteiger Reinhold Messner für seine Vorträge und sein Lebenswerk ausgezeichnet und in die Hall of Fame der GSA aufgenommen.

Es herrscht eine festliche Stimmung. Das Licht. Die Farben. Die Dekoration. Runde Tische mit jeweils zehn Gästen. Es ist 22:30 Uhr, ich stehe auf der Bühne und sehe vierhundert Gäste. Reinhold Messner in der ersten Reihe direkt vor mir. Ich sehe die Männer in ihren schwarzen Smokings, die Damen in schönen Abendkleidern. Auf dem Monitor der Bühne sehe ich mich in meiner blauen Jeans, meinen Turnschuhen und meinem roten Poloshirt.

Dann beginne ich zu sprechen: »Im Jahr 2008 habe ich bei meinem ersten gut bezahlten Firmenvortrag zum ersten Mal in meinem Leben einen Anzug getragen. Im Anschluss kam der Veranstalter zu mir und sagte: ›Herr Kroeger, Ihr Vortrag war der schlechteste, den wir in den vierzehn Jahren dieser Veranstaltung erlebt haben.‹ Er hatte recht. Im selben Jahr habe ich zum ersten Mal einen Vortrag von Reinhold Messer gehört. Ich habe im Publikum gesessen und einen Menschen erlebt, der einfach nur über das spricht, was er macht. Dem ich jedes Wort geglaubt habe. Der den Mut hat auszusprechen, was er wirklich denkt. Der frei ist von allem, was uns auferlegt wird.«

Diese Seite ist für
Michael Geerdts

Bei der Vorbereitung dieser Laudatio habe ich mir nicht nur Gedanken über das gemacht, was ich sagen werde, sondern auch darüber, was ich anziehen soll. In der Einladung stand »Smoking für die Herren und Abendkleid für die Damen«. Den Anzug hatte ich nach der Aktion 2008 entsorgt. Einen Smoking besitze ich nicht. Kaufen mag ich mir keinen. Aber das ist nicht der Punkt. Der Punkt ist, dass ich mich in einem Anzug mir selbst gegenüber fremd fühle. Und wenn ich nicht ich selbst bin, kann ich nicht reden. Nicht so reden, wie ich rede. Was also tun? Beuge ich mich dem Dresscode »Black & White« und entferne mich von mir selbst? Oder ziehe ich mein Ding einfach durch? Mir war klar, dass meine Laudatio sehr viel besser sein würde, wenn ich bei mir selbst bin und mich nicht verkleide. Und dass Reinhold Messner kein Mensch ist, der seinen Fokus auf Äußerlichkeiten richtet.

In so einer Situation können wir entweder bei uns selbst bleiben oder den Erwartungen von außen nachgeben. Beides gleichzeitig funktioniert nicht.

Wenn wir uns der Meinung anderer beugen, nehmen wir uns unsere eigene Kraft, unsere Power, unsere Ausstrahlung. Wir verlieren an Authentizität und Glaubwürdigkeit. Nur wenn wir bei uns bleiben, unsere Bedürfnisse wahrnehmen und nach ihnen handeln, gelingt uns ein Leben in Leichtigkeit.

Wir alle leben in Systemen: bei der Arbeit, bei Freunden, in unserer Religion, in Vereinen und in unserer Familie. Die meiste Zeit unseres Leben ordnen wir uns den Regeln dieser Systeme unter. Bewusst und unbewusst. Diese Regeln sind Vereinbarungen, die das jeweilige System stützen, es funktionieren lassen. Manche sind ausgesprochen, manche nachlesbar, manche unausgesprochen und manche existieren nur in unserem Kopf. Wenn diese Regeln im Einklang mit unseren individuellen Bedürfnissen sind, fühlt es sich leicht und gut an. Wir können ohne Konflikte sowohl dem System treu sein als auch uns selbst. Schwierig wird es, wenn die Regeln nicht mehr passen. Wenn wir uns entscheiden müssen, wem wir treu bleiben: uns oder dem System.

Bei sich selbst zu bleiben, erfordert zuweilen Mut. Wir nehmen für diesen Moment das Risiko auf uns, die Treue zu uns selbst über die Treue gegenüber dem System zu stellen. Das schafft nicht nur Freunde, sondern produziert auch Widerstand.

> **Ist es nicht manchmal besser, einen Freund zu verärgern, als uns selbst als Freund zu verlieren?**

 Link zum Video meiner Laudatio für Reinhold Messner
http://leichtigkeits-training.de/44-10

Die Qualität
Deiner Arbeit
nimmt ab, wenn
Du anfängst,
auf die Meinungen
anderer zu hören.

# 11. Do it yourself?

**13.01.2014, Hamburg.** Mich erreichen die ersten Nachrichten über Facebook, in denen mir 7 SUMMITS Supporter viel Erfolg für die Everest-Expedition wünschen. Im April wird es losgehen. Der letzte Berg meines 7 SUMMITS Projekts. Die finale Herausforderung. 8848 m. Der höchste Berg der Welt. Nur jeder fünfte Bergsteiger schafft es tatsächlich auf den Gipfel. Aber so gut wie jeder Bergsteiger träumt davon, einmal ganz oben auf ihm zu stehen.

Ich nicht. Ich will nicht auf den Gipfel. Ich weiß schon jetzt, wie es da oben aussieht. Steine. Schnee. Eis. Wolken. Himmel. Und der Ausblick darauf, dass mit dem Abstieg eine der schwierigsten und gefährlichsten Etappen noch vor mir liegt.

Ziel meines 7 SUMMITS Projekts war und ist es, mich weiterzuentwickeln und zu lernen. Inzwischen habe ich verstanden, dass die Lernerfahrung nicht vom Gipfel abhängt. Dass Bergsteigen eine verdammt gefährliche Angelegenheit ist. Dass es Menschen gibt, die sich Sorgen machen, wenn ich unterwegs bin. Und dass ich nicht bereit bin, für den Gipfel jedes Risiko auf mich zu nehmen.

Nun beschäftigt mich die Frage: Wie und wann erzähle ich, dass ich nur bis zum Camp II auf 6400 m Höhe und gar nicht bis zum Gipfel des Everest aufsteigen will? Soll ich meine Entscheidung im Vorfeld kommunizieren? Oder erst hinterher?

Schon lange denke ich darüber nach. Überlege hin und her. Grübele rum, ohne wirklich weiterzukommen. Dann habe ich die Idee: Das musst du ja gar nicht alleine entscheiden! Du arbeitest mit Kommunikationsprofis zusammen. Die werden schon wissen, was das Beste ist!

Also frage ich meine PR-Agentur, meine Redneragentur – alle haben gute Ideen. Aber ihre Ansätze sind so unterschiedlich, dass ich immer noch nicht weiß, wofür ich mich nun entscheiden soll.

Mir wird klar: Ich bin derjenige, der die Entscheidung nach außen vertritt. Ich möchte sie mit gutem Gewissen unterschreiben können. Und ich werde sie nur dann vor mir selbst rechtfertigen, wenn sie aus mir heraus kommt. Also bleibt mir nichts anderes übrig, als die Entscheidung selbst zu treffen.

Damit ich mir selbst morgens im Spiegel noch in die Augen schauen kann, halte ich mich an den Ursprungsgedanken des 7 SUMMITS Projekts. Dass es um eine Lernerfahrung geht. Dass ich nur bis zum Camp II des Everest aufsteigen möchte. Und das auch vorab so kommunizieren werde.

Die PR-Agentur, die für mich arbeitet, schreibt in die Pressemitteilung: »›Ich habe mich bewusst gegen die Gipfelbesteigung des Mount Everest entschieden und werde im April, nach sieben Jahren, meinen Selbstversuch auf 6400 m am höchsten Berg der Welt beenden‹, sagt Motivationscoach, Bergsteiger und Vortragsredner Steve Kroeger. ›Von jedem Berg habe ich wichtige Inspiration mitgenommen und damit meinen persönlichen Gipfel erreicht und mir einen Lebenstraum erfüllt. Für mich war immer der Weg das Ziel. Hier habe ich die meisten Erfahrungen gesammelt, mit denen ich andere Menschen zu ihren Zielen begleiten kann‹, führt Steve Kroeger aus. Den Entschluss, nicht bis auf 8848 m aufzusteigen, begründet der Motivationscoach folgendermaßen: ›Risiken und Grenzsituationen ja, aber nicht um jeden Preis. In der Todeszone über Leichen zu gehen, hat für mich nichts mit Leichtigkeit und sinnvollen Zielen zu tun.‹«

Die besten Entscheidungen sind die, bei denen wir ganz bei uns bleiben. Denn viele Köche verderben den Brei. Jede Meinung, die wir hören, bringt neue Aspekte. Wenn wir viele Meinungen in unsere Entscheidung einbeziehen, wird daraus ein Einheitsbrei, der nach gar nichts schmeckt. Wir sind gefordert, unser Ding in aller Konsequenz durchzuziehen. Wie es uns entspricht. In unserem Style. Wenn wir jeden Tipp von jedem noch so erfolgreichen oder selbsternannten Experten in unsere Sache einbeziehen, wird unser Style verfälscht und die Qualität sinkt. Dann sind wir nicht mehr echt. Nicht mehr authentisch. Nicht mehr so, wie es uns entspricht.

Die bestmögliche Qualität erreichen wir, wenn wir nicht auf andere, sondern auf uns selbst hören. Dann bleiben wir authentisch. Bleiben wir selbst. Und können mit Leichtigkeit die nächsten Schritte gehen.

> **Wie bleiben Sie bei Ihrer nächsten Entscheidung ganz bei sich?**

Deine Erwartungshaltung entscheidet über Deine Leichtigkeit!

# 12. Sind Dreiecke wirklich besser als Kreise?

**14.06.2014, im Zug nach Dortmund.** Ich reise gemeinsam mit Thomas, einem guten Freund von mir. Wir sitzen im Bordbistro und unterhalten uns über eine Mediengestalterin, die er vor einiger Zeit in seinem Unternehmen angestellt hat. Er schimpft: »Seit Monaten versuche ich ihr beizubringen, dass das, was sie gestaltet, auch einen Verkaufsimpuls auslösen soll. Aber sie checkt das einfach nicht!« Er hat richtig schlechte Laune deswegen. Ich frage ihn: »Warum stellst du denn keinen zweiten Mitarbeiter ein, der genau die Vertriebsstärke hat, die du bei ihr vermisst, und steckst die zwei in ein Team, sodass sie sich ergänzen können? Lass sie doch weiter ihre guten Layouts machen und ihre Stärken leben. Auch für sie ist das doch total anstrengend. Sie will seit Monaten, dass du mit ihr zufrieden bist, aber sie kriegt es einfach nicht hin. So wie es aktuell läuft, hat das doch für euch beide nichts mit Leichtigkeit zu tun.«

Manchmal erwarten wir von unseren Freunden, Partnern und Mitarbeitern bestimmte Dinge. Sie sollen tun, was wir von ihnen wollen. In der Qualität, die wir uns wünschen. Und in der Geschwindigkeit, die wir für angemessen halten.

Manchmal wundern wir uns dann, warum sie nicht das machen, was wir von ihnen erwarten. Wir sind dann sauer. Enttäuscht. Werden laut. Vielleicht auch aggressiv und unfair. Dabei machen die anderen vielleicht einfach nur deswegen nicht das, was wir von ihnen wollen, weil ihre Stärken woanders liegen.

Diese Seite ist für
Ulrich Hinsen

Auch wir können nicht alles perfekt. Auch wir sind manchmal nicht die Schnellsten und Besten.

Je konkreter unsere Erwartungen an andere sind, desto mehr Gelassenheit verlieren wir im Umgang mit ihnen. Ganz abstrakt gesagt: Wer unbedingt ein Dreieck haben möchte, hat nur dann gute Laune, wenn er auch ein Dreieck bekommt. Wenn nun aber jemand zu ihm sagt: »Ich habe ein Viereck für dich!«, wird er antworten: »Nein, ein Viereck ist doof, ich will unbedingt ein Dreieck. Das Viereck will ich nicht!« Gleiches passiert, wenn ihm jemand einen Kreis anbietet. Dann heißt es wieder: »Nein, ein Kreis ist kein Dreieck, ich will den Kreis nicht!« Unterm Strich bekommt derjenige, der unbedingt das Dreieck haben möchte, ein Dreieck. Wenn er Glück hat. Mehr aber auch nicht.

$$\begin{array}{r} \triangle = \triangle \\ \triangle \neq \square \\ \triangle \neq \bigcirc \\ \hline \triangle \end{array}$$

Haben wir hingegen eine offenere Erwartungshaltung und sehen, was uns das Leben sonst noch anbietet, bekommen wir mehr. Wenn wir gefragt werden: »Ich habe hier ein Dreieck, ein Viereck und einen Kreis für dich, willst du die haben?«, können wir sagen: »Ja, die nehme ich!« Auch Vierecke und Kreise sind dann super für uns. Unterm Strich haben wir dann ein Dreieck, ein Viereck und einen Kreis – also deutlich mehr, als derjenige mit der zu speziellen Erwartungshaltung.

△
□
○
―――
△□○

Und was passiert weiter? Die Vierecke und Kreise rennen zu ihren Freunden und sagen: »Geht bloß nicht zu dem einen, der will nur Dreiecke. Fragt lieber den anderen, der nimmt auch Vierecke und Kreise!« Und so bekommen wir unterm Strich immer mehr Dreiecke, Vierecke und Kreise (und leben glücklich bis an unser Lebensende ☺).

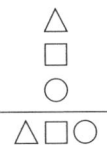

Leichtigkeit im Umgang mit anderen entsteht also, wenn wir uns von unseren speziellen Erwartungen freimachen. Wenn wir offen dafür sind, was uns andere an Können, Potenzial und Motivation entgegenbringen. Je offener wir für das Angebot anderer sind, desto mehr werden wir auch bekommen.

> **Bei welchen Ihrer Erwartungen an andere lohnt es sich umzudenken?**

 Link zum Video »Wie werde ich gelassener im Umgang mit anderen?«
http://leichtigkeits-training.de/44-12

Nur weil jemand etwas gut kann, bedeutet es nicht, dass er es gerne tut.

# 13. Vom Chemiker zum Berufsmusiker

**27.07.2014, Hamburg.** Ein ganz klassischer Sonntagnachmittag im Stadtpark. Ich genieße es, nach Abschluss meines 7 SUMMITS Projekts einfach mal länger an einem Ort zu leben. Nicht nur in Hamburg zu Besuch zu sein, sondern hier wirklich zu wohnen. Der Himmel ist blau, die Sonne scheint. Ich sitze mit Freunden im Gras, ein kühles Bier in der Hand. Wir unterhalten uns.

Jens erzählt, wie er zu Beginn seiner beruflichen Laufbahn erfolgreich als Chemiker gearbeitet hat, dann eine Karriere bei der Bundeswehr startete und sich vor einigen Jahren als Berufsmusiker selbstständig gemacht hat. Heute hat er ein Tonstudio und gibt Musikunterricht.

Im Scherz sage ich: »Da ging's aber kontinuierlich bergab bei dir.« Jens antwortet ernsthaft: »Finanziell ja. Aber bei allem anderen ging's bergauf.«

Auf ganz andere Art und Weise begann das Thema »bergauf« mein Leben im Jahr 2007 zu bestimmen. Damals sah ich die Dokumentation »Everest – Höllentrip in eisigen Höhen« im Fernsehen. In dem Film gibt es einen Bergsteiger, der eine für den Beobachter schier unglaublich scheinende Unvernunft an den Tag legt. Nur hundert Meter unterhalb des Gipfels lässt er sich völlig entkräftet in den Schnee fallen. Er ist unterkühlt, hat kaum noch Sauerstoff in der Flasche – und widersetzt sich dennoch der vom Expeditionsleiter per Funk gegebenen Anweisung zum Umdrehen. Obwohl er völlig am Ende ist, will er weiter hoch, nicht zurück. Er ist wie im Rausch. Wie so viele Bergsteiger hat ihn das Gipfelfieber gepackt: Er ist hundertprozentig auf den Gipfel fokussiert. Aufgrund der höhenbedingten psychischen und physischen Beeinträchtigungen ist er nicht mehr in der Lage, eine gesunde Entscheidung zu treffen. Ich fragte mich: Hätte ich den Mut, mich den körperlichen und mentalen Herausforderungen einer Everest-Besteigung zu stellen? Wäre ich in der Lage, den richtigen Zeitpunkt des Umdrehens zu finden? Ich wusste es nicht. Aber ich wollte es herausfinden. Und ich traf damit die Entscheidung für mein siebenjähriges 7 SUMMITS Projekt.

Mir war klar, dass der richtige Zeitpunkt zum Umdrehen vor allem durch die körperliche und mentale Leistungsfähigkeit bestimmt wird. Erst im letzten Drittel meines 7 SUMMITS Projekts habe ich gelernt, dass auch das Thema Spaß und Leidenschaft eine große Bedeutung dabei hat.

Nach meinen internationalen Bergexpeditionen wusste ich, dass ich bergsteigen kann und wie es auf dem Gipfel aussieht. Und ich merkte, dass ich noch viel mehr Berge besteigen, auf viel mehr Gipfeln stehen könnte, wenn ich es wirklich wollte.

Wenn wir jedoch an einen Punkt kommen, an dem wir wissen, dass wir gut in etwas sind, aber keinen Spaß (mehr) daran haben und nicht mehr dafür brennen, dürfen wir uns die Frage stellen »Will ich mein Leben lang so weitermachen, nur weil ich es kann? Oder gibt es für mich noch weitere spannende Herausforderungen?«. Spaßfaktor und Leidenschaft sind wichtige Wegweiser hin zu mehr Leichtigkeit. Wenn wir auf etwas keine Lust mehr haben und nicht mehr genau wissen, warum wir etwas überhaupt tun, sind wir nicht mehr auf dem richtigen Weg. Dann ist es wichtig, dass wir etwas ändern. Jens ist ein gutes Beispiel dafür. Als er als erfolgreicher Chemiker keinen Spaß mehr hatte, ist er zum Bund gegangen. Als er dort die Lust verlor, entschied er sich für den Job als Berufsmusiker.

Etwas zu tun, nur weil wir es gut können, ist vernünftig. Etwas zu tun, wobei wir Spaß und Leidenschaft empfinden, ist Leichtigkeit.

> Machen Sie Ihren Job, weil Sie ihn gut können, oder aus Leidenschaft und Spaß?

Wir selbst
entscheiden,
ob wir andere
Menschen klein
oder groß machen.

# 14. Kuchen in der Everest Bakery

**04.04.2014, Namche Bazar, Nepal.** Ich betrete die Everest Bakery, um einen Latte macchiato zu trinken und ein Stück Kuchen zu essen.

Auf unserem Weg ins Basislager des Mount Everest haben wir einen Ort erreicht, der das Eingangstor zum Hochhimalaya ist. Beinahe jeder, der in der Khumbu-Region wandert, besucht Namche Bazar. Er liegt an einer wichtigen Wegkreuzung und ist voll mit Trekking-Läden und Shops, in denen man ins Internet gehen und in die Welt telefonieren kann. Wir werden hier zwei Nächte verbringen, um uns an die Höhe von immerhin schon 3344 m zu gewöhnen.

Die Everest Bakery ist ungefähr dreißig Quadratmeter groß, hell und leer. Nur drei Männer sitzen in dem Café. Es sind keine Einheimischen. Sie sehen aus wie Bergsteiger. Mit einem der Männer habe ich sofort Blickkontakt. Es ist Russell Brice, der wohl erfahrenste Veranstalter von kommerziellen Everest-Expeditionen. Knapp zwanzig Expeditionen hat der Neuseeländer bereits geleitet. Die beiden anderen Männer sind vermutlich Bergsteiger aus seinem Expeditionsteam. Ihre Gesichter sehen nach Leben aus. Nach viel Erfahrung. Denn die Haut verändert sich in der Höhe. Sie sieht gelebt aus.

In den Medien wurde Russell Brice bekannt, als seine Everest-Expeditionen der Jahre 2006, 2007 und 2009 vom Discovery Channel für die Fernsehserie »Everest – Spiel mit dem Tod« gefilmt wurden. Es war genau diese Dokumentation, die im Jahr

2007 bei mir den entscheidenden Impuls gesetzt hatte, mein 7 SUMMITS Projekt zu starten.

Ich setze mich an den Nachbartisch und spreche ihn an: »Du bist Russel, richtig?« Er sagt: »Ja.« »Mein Name ist Steve Kroeger und ich möchte mich bei dir bedanken für deine Inspiration. Deine Everest-Dokumentation war für mich der Startschuss für mein 7 SUMMITS Projekt, das die letzten sieben Jahre meines Lebens bestimmt hat. Und ich bin hier am Everest, um es zu beenden.«

Er soll wissen, dass seine Everest-TV-Dokumentation der Schlüsselmoment für mich war, mein Leben komplett auf das 7 SUMMITS Projekt auszurichten. Ich sage ihm, dass es mir eine Ehre wäre, ein Foto zu machen. Er sagt sofort ja, nimmt seine Mütze ab, kämmt mit seiner Hand seine Haare, setzt sich gerade hin und lächelt. Er ist bereit für ein Foto. Ich sage: »Ich meine ein Foto von uns beiden!« Er lacht, ich lache und dann machen wir ein gemeinsames Foto.

Dann trinke ich meinen Latte macchiato, esse meinen Kuchen und verlasse das Café. Die Begegnung ist für mich ein absolut magischer Moment. Es fühlt sich wie ein Zeichen an, dass es richtig war, losgegangen zu sein, um meinen Traum zu leben. Diesen langen Weg bis hierhin gegangen zu sein. Meine Reise hat mit ihm begonnen und wird nach einer persönlichen Begegnung mit ihm hier enden.

Manchmal begegnen wir Menschen, die unser Leben verändern. Sie tun dies, ohne sich dessen bewusst zu sein. Mit dem einen Satz, den sie aussprechen. Mit der einen Frage, die sie uns stellen. Mit dem, was sie tun, und auch mit dem, was sie nicht tun.

Auch wir können für andere Menschen Veränderung bedeuten. Sowohl privat als auch beruflich. Als Führungskraft. Als Kollege. Wir können andere inspirieren, auf den Weg bringen, ihnen Mut machen, ihnen Energie geben. Oder wir können den Startschuss setzen, damit sie ihren Traum verwirklichen.

Wir sollten uns dieser Kraft, die wir haben, bewusster sein. Sie funktioniert nämlich auch in umgekehrter Richtung. Dann motivieren wir nicht, sondern wir demotivieren. Bei all dem, was wir machen, haben wir immer die Wahl, ob wir unser Gegenüber groß machen oder klein.

> **Wen inspirieren Sie zu positiver Veränderung?**

Du bist frei,
wenn Du
der sein kannst,
der Du bist.

# 15. Eine Legende der Leidenschaft

**18.10.2013, Hamburg.** Ich stehe am Fenster meines Zimmers und telefoniere mit Reinhold Messner. Vor einiger Zeit hatte ich für ihn die Laudatio auf der Gala-Night der German Speakers Association GSA gehalten, als er für sein Lebenswerk ausgezeichnet wurde.

Schon immer hat mich an Reinhold Messner beeindruckt, dass er sich konsequent aus dem bürgerlichen Leben rausgezogen hat, um seinen Traum zu leben. Ich frage ihn: »Sie haben von Kindheit an einen ganz eigenen Lebensentwurf gehabt und nur die Dinge gemacht, von denen Sie glaubten, dass sie richtig sind. Woher nehmen Sie die Energie, um Ihr eigenes Ding zu machen?«

Er antwortet: »Sie sehen das genau richtig: Ich bin anarchisch veranlagt. Das hängt damit zusammen, dass ich in der moralisch und geistig sehr engen Welt nach dem Zweiten Weltkrieg groß geworden bin. Ich halte sehr viel vom Individuum. Ich habe ein Problem mit großen Gruppen, weil ich der Meinung bin, dass da eine Lebensweise gepredigt und auch zum Vorbild genommen wird, die das Individuum nicht zum Tragen bringt.«

»Ich persönlich habe in meinem Leben mehr oder weniger immer nur meinen Leidenschaften nachgegeben«, erzählt er weiter. »Ich tue, was ich gern und mit Begeisterung tun kann. Ich tue auch immer nur eine Sache ganz und danach erst die nächste, nicht mehrere Tätigkeiten parallel nebeneinander. Erst wenn ich merke, dass ich in diesem Tun und Dasein das Maximum von dem erreicht habe, was ich schaffen kann, suche ich

Diese Seite ist für
Simone Kappler

eine neue Tätigkeit. Durch die Neugier des Neuanfangs entsteht die Energie, die ich brauche, um später zu meinem Maximum zu kommen: Wie funktioniert das? Wie kann ich mich verbessern? Was fehlt noch? Welche Türen sind schon offen?«

Ich frage nach: »Sie fühlen sich also vor allem dann frei, wenn Sie sich auf Ihre Leidenschaft fokussieren?«

Er bestätigt: »Ich halte meine Leidenschaft nie zurück. Aussagen wie ›Das kann ich mir nicht leisten! Das darf ich nicht! Das darf man nicht! Das ist nicht erlaubt!‹ sage ich mir nicht. Wenn ich mit Sätzen wie ›Das tut man nicht! Das ist nicht möglich! Das schickt sich nicht!‹ konfrontiert werde, pfeife ich drauf und gehe meinen eigenen Weg.«

Um sein Ding zu machen, lässt sich Reinhold Messner von allem, was ihn an seinen Zielen hindern könnte, nicht beeinflussen. Nur er selbst bestimmt, wo seine persönliche Grenze verläuft. Und dann geht er darauf zu – und erweitert sie.

Wenn wir auf unsere Grenzen zugehen, provozieren wir Lernerfahrungen. Nur wenn wir Neuland betreten, können wir Neues lernen. Nur wenn wir Schritte ins Ungewisse machen, können wir uns als Mensch weiterentwickeln und weiter wachsen.

Jede Grenzerfahrung verändert uns. Wir erleben Dinge, die wir im Vorfeld nicht planen können. Wir leisten Dinge, die wir vorher nicht für möglich gehalten hätten. Und wir kommen motiviert, positiv aufgeladen, mit mehr Klarheit, innerer Kraft und Leichtigkeit in unseren Alltag zurück.

Dabei geht es nicht darum, dass wir unsere Grenze überschreiten. Im Gegenteil. Es ist wichtig, dass wir gut mit unseren

Kräften haushalten. Kein unnötiges Risiko eingehen. Umdrehen, wenn es zu gefährlich wird. Und auch aus diesen Erfahrungen lernen.

Nur so gehen wir nicht irgendeinen Weg. Wir gehen unseren Weg. Als der Mensch, der wir sind. Frei.

> **Wie frei fühlen Sie sich im Moment wirklich?**

 Link zu meinem Interview »Mach dein Ding!« mit Reinhold Messner
http://leichtigkeits-training.de/44-15

Kläre das,
was es zu
klären gibt!

# 16. Dicke Luft

**27.02.2014, Rüschlikon.** Zum ersten Mal in der Schweiz freue ich mich über den Schweizer Dialekt der Hotelmitarbeiter des Hotels direkt am Zürichsee. Es ist wie Urlaub. Ich bin schon am Vortag angereist. War erst in der Sauna. Habe dann abends in einer Pizzeria gegessen und einen Spaziergang gemacht. Den Ausblick auf den See und die Berge genossen. Mich an meine Bergtouren erinnert gefühlt. Heute Morgen gut und lang auf der Hotelterrasse mit Blick auf den Zürichsee gefrühstückt, mir die Sonne ins Gesicht scheinen lassen.

In genau dieser guten Stimmung kann es mit meinem Seminar zum Thema »Ziele erreichen mit der 7 SUMMITS Strategie« weitergehen. Meine Agentur hat das Seminar und den Kontakt zum Kunden organisiert. Ich weiß nur, was hier und heute meine Aufgabe ist. Es wird darum gehen, wie wir Ressourcen und Kräfte richtig einsetzen können, um Höchstleistungen zu erzielen. Zu hinterfragen, ob wir aktuell an den richtigen Zielen arbeiten. Ob da nicht noch etwas anderes in uns schlummert – im Großen wie im Kleinen.

Ich trinke meinen Milchkaffee aus und gehe in den Seminarraum. Er ist durch bodentiefe Fenster lichtdurchflutet. Alles scheint vorbereitet. Auf den Tischen liegen die Seminarunterlagen, Zettel und Stifte. Der Beamer brummt. Getränke und Snacks stehen bereit. Perfekte Voraussetzungen also.

An einem Tisch in der Ecke sitzt meine Auftraggeberin. Sie erhebt sich und kommt auf mich zu. Wir begrüßen uns. Dabei ist sie sehr verhalten. Ich bekomme das Gefühl »Hier stimmt was nicht« und frage mich, was los ist. Überlege, was der Grund für die dicke Luft sein könnte. Meine Agentur hat sehr lange wegen der Reisekosten mit dem Kunden hin und her verhandelt. Sie konnten sich nicht einigen. Ist das der Grund? Ich will das klären, weil ich weiß, dass die Auftraggeberin mindestens bis zur Mittagspause bleiben wird. Und mit schlechter Stimmung kann ich nicht arbeiten.

Also frage ich meine Auftraggeberin: »Ist etwas mit meiner Agentur?« Schon während ich spreche, merke ich, dass sich etwas löst. Ihr Gesichtsausdruck wird entspannter. Sie bestätigt: »Ja.« Ich antworte: »Nur damit Sie das wissen: Ich bin bei der Geschichte außen vor und weiß nicht, was vorgefallen ist.« Damit war die Sache für sie für den Moment aus der Welt.

Wenn wir im Alltag etwas zu klären haben, schleppen wir das oft lange mit uns herum. Wir sind unserem Chef, unserem Kollegen, einem guten Freund oder unserem Partner auf den Fuß getreten und bereuen das. Oder wir haben eine schlechte Nachricht für denjenigen. Zumindest glauben wir, dass er die Nachricht nicht gut aufnehmen wird. Jedenfalls sprechen wir die Sache nicht an. Weil »man« das nicht macht. Weil es nicht der richtige Zeitpunkt ist. Weil wir nicht die richtigen Worte finden. Weil wir Angst vor Ablehnung haben. Weil wir nicht wissen wie.

Die Zeitspanne, während der wir das Thema mit uns herumtragen, wird dabei immer länger. Und wir verlieren eine Menge Leichtigkeit. Denn gedanklich ist die Sache die ganze Zeit präsent. Wir überlegen uns immer wieder, wie wir das Thema anschneiden könnten. Welche Worte wir wählen könnten. Wie der andere reagieren könnte. Was wir darauf antworten könnten. Das bindet Energie. Energie, die wir auch für anderes nutzen könnten.

Wenn wir erst einmal den Mut gefasst haben, etwas auszusprechen, hören wir oft: Warum hast du denn nicht früher was gesagt? Manchmal sagen wir nichts, weil wir den anderen schützen wollen. Aber in Wirklichkeit sind wir nur zu feige. Und nehmen damit dem anderen die Möglichkeit, darauf zu reagieren.

Durch das Aussprechen machen wir einen Schritt auf den anderen zu. Wir lösen die energieraubende Phase auf. Und schaffen die Chance für eine größere Nähe. Denn Kommunikation ist das, was Menschen zueinanderführt.

> Was wollen Sie schon seit Längerem klären, haben es bis heute aber nicht getan?

Etwas nicht
zu besitzen,
kann glücklich
machen!

# 17. Ich packe meinen Koffer

**14.05.2013, Kassel.** In zwei Tagen beginnt meine Expedition zum Mount McKinley in Alaska. Was nehme ich mit? Und noch wichtiger: Was nehme ich dieses Mal nicht mit? Je leichter mein Equipment, desto geringer der Ballast, desto größer meine Gipfelchance, denke ich mir.

Bei meinen früheren Besteigungen hatte ich gelernt, dass es wichtig ist, sich auf das Wesentliche zu konzentrieren, um den Gipfel zu erreichen. Am Mount McKinley sind vor allem ausreichend Kalorien, Wasser und Kleidung wesentlich und notwendig, alles andere ist Luxus. Also versuche ich, mein Equipment im Vergleich zu früheren Expeditionen noch weiter zu reduzieren mit folgendem Ergebnis:

- *Thermoskanne:* statt 1-l-Thermoskanne (560 g) jetzt 0,5-l-Thermoskanne (360 g) – Gewichtersparnis: 200 g
- *Thermo-Luftmatratze:* als »Luxus« gestrichen – Gewichtersparnis: 900 g
- *Isomatte:* statt der 1,9-cm-Version (950 g) auf die 1,4-cm-Version (720 g) reduziert – Gewichtersparnis: 230 g
- *Satellitentelefon:* spare ich mir komplett – Gewichtersparnis: 280 g
- *Pocket-Video-Kamera:* bleibt warm und trocken zu Hause – Gewichtersparnis: 170 g
- *zweite Fleecejacke:* nice to have, aber nicht wesentlich – Gewichtersparnis: 530 g

Diese Seite ist für
Gabriele Fasching

- *dritte lange Unterhose:* zwei reichen – Gewichtersparnis: 190 g
- *neuer Expeditionsrucksack:* wiegt nur 1500 g, mein alter dagegen 3200 g – Gewichtersparnis: 1700 g

So komme ich auf eine Gewichtersparnis von viertausendzweihundert Gramm. Das sind etwa zehn Prozent vom Gesamtgewicht von vierzig Kilo. Auf einer Höhe von sechstausend Metern und bei einer Expeditionsdauer von einundzwanzig Tagen kann das schon entscheidend sein.

Wenn wir große oder kleine Ziele verfolgen und diese mit Leichtigkeit erreichen wollen, ist es wichtig, uns zu fragen, was für den Weg dorthin wesentlich und was unwesentlich ist. Wesentlich ist alles, was uns ohne Umwege und direkt dabei unterstützt, zum Ziel zu gelangen. Alles andere ist überflüssiger Ballast.

Bei der Entscheidung, was wesentlich und was unwesentlich ist, hilft die Frage: Können wir mit den Konsequenzen leben, wenn wir etwas als unwesentlich einordnen und darauf verzichten? Auch wenn sich die Konsequenzen erst später zeigen werden, sollten wir sie zumindest durchdenken.

Auch im Alltag sollten wir bei jedem Kauf überlegen, ob wir die Sache wirklich brauchen. Unterstützt sie uns bei der Zielerreichung oder ist sie uns eher im Weg? Was macht die Sache nach dem Kauf mit uns? Was macht es mit uns, wenn wir uns für die nächsten fünfundzwanzig Jahre auf ein Darlehen einlassen, um ein Haus abzubezahlen? Wenn wir die ganzen nächsten Jahre die Leasinggebühren für das neue Auto abzuzahlen haben? Wenn jeden Monat die Rate für die neue Waschmaschine von unserem Konto abgebucht wird?

Oft haben wir eigentlich schon alles. Aber wir wollen mehr. Wir wollen etwas Neues. Etwas Besseres. Etwas Größeres. Dabei vergessen wir, dass Besitz nicht glücklich macht. Denn Besitz kann nicht kompensieren, dass wir unseren Traum nicht leben.

Immer wieder begegnen mir Frauen, die einen Mann geheiratet haben, der Karriere gemacht hat. Über die Jahre ziehen sie mit ihm erst von einer Wohnung in ein Haus, dann in ein noch größeres Haus und dann in ein riesiges Haus. Ihren Mann sehen sie dabei immer seltener. Sie leben ein Leben, das sie sich bei ihrer Hochzeit nicht erträumt haben. Sie sind nicht glücklich. Denn sie wünschen sich vor allem Zeit mit ihren Ehemännern, kein fünftes Badezimmer.

Wir sollten uns immer bewusst machen, dass mit großem Besitz auch große Verpflichtungen kommen. Verpflichtungen finanzieller Art, die wir bedienen müssen. Aber auch zeitliche Verpflichtungen, um unseren Besitz zu pflegen, zu reparieren, zu verbessern, zu reinigen, zu finanzieren ...

Ein Kauf wird nur dann zu mehr Leichtigkeit führen, wenn nicht nur unser Verstand sagt »Das ist vernünftig!«, sondern auch unser Gefühl sagt »Das fühlt sich gut an!«. Dann ist es nicht mehr wichtig, wie viel wir besitzen. Es zählt vor allem, ob unser Besitz wesentlich für uns ist.

**Kontrollieren Sie Ihren Besitz oder kontrolliert Ihr Besitz Sie?**

Leichtigkeit entsteht durch Defokussierung!

# 18. Hinten anstellen

**30.03.2014, kurz vor Kathmandu.** Wir sind im Landeanflug. Ich freue mich sehr, in Nepal zu sein. Viele haben mir von der tollen Stimmung im Land erzählt, von den vielen freundlichen Menschen. Ich bin voll positiver Spannung.

Nach der Landung gehen wir durch einen Gang, an dessen Decke Schilder hängen, die ich spannend finde: »Nepal is the second richest country after Brazil in water resources«, »There are 48 airports in Nepal« oder »Nepal has the highest mountain and the shortest man in the world«. Ich lese mir die Schilder durch und mache Fotos von ihnen. Dadurch bin ich der Letzte, der die Halle betritt.

Dort stehen bereits viele andere Touristen mit ihren Rucksäcken und ihren Expeditionstaschen. Die meisten tragen schon ihre Wanderschuhe. Auch an ihrer Kleidung ist deutlich zu erkennen, dass Nepal ein Wandergebiet ist.

Andreas Buhr, der mich begleitet, und ich haben ebenfalls unsere Bergausrüstung dabei. Wir sind auf dem Weg zum Mount Everest. Doch zunächst benötigen wir ein Visum. Ich sehe zwei Schalter und zwei Schlangen davor. Eine sehr kurze Schlange für die Einheimischen. Und eine sehr lange Schlange für die Touristen. Andreas hat sich bereits in die kurze Warteschlange für Einheimische eingereiht. Schon bei unserem Zwischenstopp in Abu Dhabi hat er sich an der Business Class angestellt, obwohl wir nur Economy gebucht hatten. Da ist er damit durchgekommen, der charmante, schlaue Fuchs.

Diese Seite ist für
Janine Kundt

Ich bin überzeugt davon, dass das dieses Mal aber nicht funktionieren wird. »Wir werden bestimmt weggeschickt«, sage ich zu ihm. Andreas möchte es trotzdem versuchen. Er mag sich grundsätzlich nicht gern irgendwo anstellen. Ich hingegen stelle mich an der langen Schlange an.

»Und wenn er doch durchkommt? Was passiert dann mit mir?«, denke ich. Aber als Andreas an der Reihe ist, deutet der Schalterbeamte immer wieder auf das Ende der langen Warteschlange. Andreas versucht alles, gibt seine ganze Überzeugungskraft. Ohne Wirkung dieses Mal. Der Beamte lässt nicht nach. Schließlich kommt Andreas herübergelaufen und stellt sich neben mich. Die Schlange ist lang, das Warten dauert.

Wenn wir uns auf etwas fokussieren, entsteht meistens Leichtigkeit. Wenn wir so auf unsere Arbeit konzentriert sind, dass die Zeit verfliegt. Wenn wir uns mit einem Freund zum Essen treffen und dann feststellen, dass wir die letzten Gäste im Restaurant sind.

Aber so wie die Dosis das Gift macht, kippt durch eine zu starke Fokussierung die Leichtigkeit direkt in eine Schwere um. Dann werden wir verbissen. Dann wollen wir die Situation an uns reißen. Sie bestimmen. Mit dem Kopf durch die Wand.

Um wieder zur Leichtigkeit zurückzufinden, hilft es, wenn wir uns vom ursprünglichen Ziel defokussieren. Defokussierung ermöglicht uns, die Situation, in der wir gerade stecken, aus der Vogelperspektive zu betrachten. Unseren Blick zu weiten. Abstand zu gewinnen und dadurch neue Wege und Möglichkeiten zu erkennen.

Diese Seite ist für
Stefanie-Alexandra Vauk

**In welchen Bereichen könnten Sie Ihren Blick weiten, um mehr zu sehen?**

Es gibt Menschen, die wollen sich nicht ändern!

# 19. Täglich grüßt das Murmeltier

**18.07.2014, Hamburg.** Es ist 9:00 Uhr. Wie immer in den letzten Wochen nehme ich an dem Schreibtisch Platz, den ich mir im Betahaus gemietet habe. Ich stelle meinen Kaffee ab und blicke mich um. Das Büro ist noch ziemlich leer. Ich teile mir den Raum mit verschiedenen anderen Selbstständigen und Gründern. »Co-Working« nennt sich das Konzept.

Ich nicke denen zu, die schon da sind. Dann klappe auch ich meinen Laptop auf. Um 18:00 Uhr will ich alles geschafft haben, was ich mir für heute vorgenommen habe. Dann endet die Mietdauer meines Schreibtisches für den Tag. Zwar hätte ich auch die Vierundzwanzig-Stunden-Mietoption wählen können. Das wollte ich aber nicht. Lieber früh starten und früh Feierabend machen!

Wenn mir das jemand vor ein paar Jahren gesagt hätte: Ich und feste Arbeitszeiten, meistens am gleichen Ort ... Ich hätte laut gelacht und kein Wort davon geglaubt.

Während meines 7 SUMMITS Projekts hätte ich in den letzten sieben Jahren nicht freier leben können. Ich hatte kein Büro, keine Bürozeiten, keinen Wecker. Meistens war ich an dem Ort, wo es mir gerade gut ging. Enorm flexibel. Viel unterwegs. Ich habe es genossen, durch die ständigen Ortswechsel immer wieder neue Impulse zu bekommen.

Erst jetzt in der Rückschau wird mir klar, dass ich überhaupt keine Gewohnheiten hatte. Ich konnte nie sagen, dass ich zu der und der Uhrzeit immer das und das mache. Im Gegenteil, genau das wollte ich vermeiden, damit bloß keine Langeweile aufkommt.

Inzwischen ist mir klar geworden, dass fehlende Routine einen Energieabfluss verursachen kann. Das Positive an Gewohnheiten ist, dass sie für Leichtigkeit sorgen. Sie machen das Leben leichter, weil wir weniger Energie für Entscheidungen brauchen. Je routinierter unser Alltag ist, desto weniger Entscheidungen stehen an. Wenn ich freitags immer Fisch esse, erübrigt sich die Frage: Was gibt's denn heute? Wenn ich immer an den gleichen Ort in den Urlaub fahre, kann ich mir die Frage »Wo geht's denn in diesem Sommer hin?« sparen.

Durch Gewohnheiten spare ich Energie. Wenn ich immer in das gleiche Restaurant essen gehe und dort immer das Gleiche bestelle, bringt mir der Kellner das irgendwann von selbst. Auch bei meinem Stammfriseur reicht es dann, wenn ich auf seine Frage »Wie immer?« zur Antwort nicke.

Routine sorgt für Entspannung. Sie schafft Freiräume, in denen wir unsere Energie wieder aufladen können. Je mehr Gewohnheiten wir haben, desto mehr Energie sparen wir, die wir dann in Neues investieren können.

Wenn wir also unsere Gewohnheiten etablieren und pflegen, hat das nichts mit Langeweile zu tun. Sie sind die Voraussetzung, um neue Projekte anzugehen. Wer seinen Traum leben will, braucht ein gewisses Maß an Routine, damit unser Alltag eine Grundstruktur hat, die wir nicht immer zu hinterfragen brauchen. Gewohnheiten ermöglichen es uns, volle Kraft in die Realisierung unserer Ziele zu stecken.

Routine gibt Sicherheit. Und das ist der Grund, warum manche Menschen sich gegen einen Umzug in ihre Traumwohnung entscheiden. Ein Angebot für einen besseren Job ablehnen. Bei ihrem alten Partner bleiben. Ihre gewohnten Probleme, Sorgen und Konflikte beibehalten.

Wenn Menschen nichts an ihrer Situation oder sich selbst ändern wollen, profitieren sie von der Stabilität ihrer Gewohnheiten. Sie werden weiter das Gleiche sehen, hören, fühlen, denken. Sie werden weiter auf die gleiche Art und Weise interpretieren und den Ritualen in ihren Freundschaften, Beziehungen und ihrer Familie folgen. Das ist völlig okay. Vielleicht kommt eine Zeit, in der sich das ändert. Vielleicht aber auch nicht.

> Wen lassen Sie am besten einfach so sein, wie er ist?

Unser Umfeld muss der Lichtung entsprechen, in die unser Leben gehen soll!

# 20. Helden des Alltags

**13.04.2014, Nepal.** Zum zweiten Mal treffe Vern Tejas. Das letzte Mal haben wir uns 2012 in der Antarktis gesehen. Damals war er mein Expeditionsleiter bei der Besteigung des Mount Vinson. Vern ist sechzig Jahre alt und gehört weltweit zu den erfahrensten Bergsteigern und Expeditionsleitern. Er war der Erste, der die 7 SUMMITS zehnmal erfolgreich bestiegen hat. Er stand dreiundfünfzigmal auf dem Mount McKinley, dem mit 6194 m höchsten Berg Nordamerikas. Er hat zehn Expeditionen zum Gipfel des Mount Everest geführt. Jede Expedition auf den Everest dauert zweiundsiebzig Tage. Damit hat er mehr als zwei Jahre seines Lebens auf dem höchsten Berg der Welt verbracht.

Er ist eine lebende Legende. Ich verneige mich vor seiner Leistung und habe absolute Hochachtung vor dem, was er körperlich leistet und wie er seine Teams führt. Ich sage zu ihm: »Vern, ich ziehe meinen Hut vor dir.«

Er geht auf das Kompliment nicht wirklich ein. Stattdessen sagt er ganz bescheiden: »Mein persönlicher Held ist Nikolay Chernij. Der ist inzwischen siebzig Jahre alt und führt immer noch Expeditionen von der Nordseite des Everest an. Wenn ich das mit siebzig Jahren immer noch mache, dann bin ich fit. Everyone needs a hero!«

Vern hinterfragt nicht, ob es wirklich sein Ziel ist, noch viele Jahre Expeditionen am Everest zu leiten, oder ob dieses Ziel ein Hirngespinst ist. Er weiß, dass er es will. Und er weiß, dass es möglich ist, weil er ein entsprechendes Vorbild hat.

Diese Seite ist für
Carmen Zahner

Im Alltag haben wir diese Sicherheit nicht immer. Es gibt Momente, in denen wir uns fragen: Will ich das wirklich? Ist das mein Ziel? Ist mein Traum tatsächlich mein Traum? In solchen Situationen haben wir zwei verschiedene Stimmen im Kopf. Beide Stimmen sagen unterschiedliche Dinge, sind aber gleich laut. Und weil sie gleich laut und gleich kraftvoll sind, zweifeln wir.

Die eine Stimme sagt: »Das funktioniert nicht! Wie willst du das denn machen? Dein Traum ist ein Hirngespinst!« Die andere Stimme sagt etwas komplett anderes: »Das ist super! Das wird funktionieren! Mach das!«

Woher wissen wir, welcher Stimme wir vertrauen können? Innerlich haben wir uns oft schon entschieden. Aber wie bekommen wir die Sicherheit, um dieser Stimme auch zu folgen? Das gelingt uns, wenn wir uns ein Umfeld suchen, das uns auf diesem Weg bestärkt.

Solange wir uns mit Menschen umgeben, die sagen »Das funktioniert nicht! Wie willst du das denn machen? Dein Ziel ist ein Hirngespinst«, werden wir das auch selbst glauben.

Stattdessen können wir uns auch auf die Suche nach Vorbildern machen, nach Menschen, die uns inspirieren und Orientierung geben. Nach persönlichen Helden, wie Nikolay es für Vern ist. Nach Menschen, die uns beeindrucken mit dem, was sie sind und was sie machen. Die uns Vorbilder sind, weil sie schon einmal ähnliche Ziele realisiert haben wie die, die wir im Kopf haben.

Dabei können wir uns für ganz unterschiedliche Lebensbereiche ganz verschiedene Helden suchen. Berufliche Vorbilder, die im Job das erreicht haben, was wir uns selbst wünschen. Sportliche Vorbilder, die über die Leistungsfähigkeit verfügen, auf die wir hintrainieren. Andere Vorbilder, die vielleicht das harmonische Familienleben führen, das wir selbst auch gerne hätten.

Solche Vorbilder finden wir im eigenen Freundeskreis. Wir finden sie in Foren, auf Websites, auf Veranstaltungen. Suchen hilft hier weiter. Wenn wir uns mit diesen Personen beschäftigen, werden wir eine ganz neue Zielklarheit gewinnen. Denn plötzlich ist klar, dass es uns gar nicht darum geht, dass uns unser Ziel unklar ist. Sondern dass wir nur nicht wissen, was der nächste Schritt zu diesem Ziel ist.

Wenn wir also unseren Traum leben wollen, sollten wir uns ein Umfeld schaffen, das unseren Zielen entspricht. Viel Zeit mit Menschen verbringen, die uns bestärken. An uns glauben. Uns Klarheit geben. Die ähnliche Erfahrungen gemacht haben. Von denen wir lernen können. Die uns inspirieren. Und uns damit ermöglichen, unseren eigenen Weg mit Leichtigkeit zu gehen.

> **An welchen Menschen orientieren Sie sich in Ihren unterschiedlichen Lebensbereichen?**

Link zum Video »Ist mein Traum ein Hirngespinst?«
http://leichtigkeits-training.de/44-20

Wir bekommen nur das, was wir bestellen!

## 21. Fisch oder Fleisch?

Hamburg, 31.08.2014. Meine Mom, mein Bruder und ich sitzen zusammen im Restaurant. Mit zwanzig Jahren hatte sich meine Mom einen großen Lebenstraum erfüllt, als sie von den Philippinen zum Arbeiten nach Deutschland kam. Im September wird sie nun zuerst für ein Jahr nach Kanada gehen, um bei ihrer Mutter zu leben. Danach wird sie in die Wohnung ziehen, die sie sich auf den Philippinen gekauft hat. Mit dem Weggang aus Deutschland und den Umzügen nach Kanada und zurück in ihr Heimatland und zu ihren Wurzeln wird sie sich nun einen neuen Traum erfüllen. Es ist eines der wenigen gemeinsamen Essen, die wir vor ihrer Abreise noch haben werden.

Wir genießen das Beisammensein. Das Essen ist auch gut. Nur einem Mann am Nebentisch schmeckt es nicht. Das sagt er dem Kellner auch. Der Kellner fragt, was er stattdessen haben möchte. Der Mann antwortet: »Weiß ich nicht.« Damit kann der Kellner natürlich nichts anfangen. Er fragt weiter nach: »Möchten Sie eher Fisch, Fleisch oder ein vegetarisches Gericht?« Der Mann überlegt und fragt dann zurück: »Ich bin mir unschlüssig. Was würden Sie mir denn empfehlen?«

Er scheint nicht zu wissen, was er will. Aber wer nicht weiß, was sein Lieblingsgericht ist, wird es auch nie bekommen. Mit unseren Träumen und Zielen ist es ganz ähnlich. Wenn wir nicht wissen, wovon wir träumen und was wir anstreben, werden wir es auch nie erreichen.

Viele Menschen wissen, was ihr Lebenstraum ist. Aber nicht

jeder hat das große Bild so klar vor Augen. Das ist ganz häufig so. Und auch völlig in Ordnung. Oft werde ich von den Menschen, denen es so geht, gefragt: »Das mit dem Lebenstraum ist ja schön und gut. Aber wie finde ich heraus, was mein eigener Lebenstraum ist?«

Die Antwort auf diese Frage lässt sich gut verallgemeinern. Wenn wir uns mit dieser Frage beschäftigen, sind wir in einer aktuellen Situation A und machen uns Gedanken, wie wir eine bessere Situation B erreichen können. Wir sind mit unserer Ist-Situation A nicht zufrieden und glauben, dass wir in unserer angestrebten Soll-Situation B mehr haben werden als vorher. Somit ist mathematisch ausgedrückt:

$$A < B$$

Wir wissen aber nicht, was B, unser Lebenstraum, eigentlich genau ist. Wir können Klarheit gewinnen, wenn wir nicht auf die ganz große Vision schauen, sondern wie bei einem Puzzle zuerst auf unsere einzelnen Lebensbereiche. Kleine Ausschnitte aus unserem Leben. Und erst einmal eine gesteigerte Zufriedenheit in diesen Ausschnitten anstreben.

Dafür hilft es, wenn wir uns zuerst überlegen, was uns denn an unserer aktuellen Ist-Situation A nicht schmeckt. Passt der Job nicht? Die Wohnsituation? Der Partner?

Wenn wir uns das beantwortet haben, können wir uns damit beschäftigen, wie denn stattdessen unser Traumjob, unsere Traumwohnung, unser Traumpartner aussieht. Denn nur wenn wir wissen, was wir wollen, können wir auch bekommen, was wir möchten.

In einem dritten Schritt können wir uns dann überlegen: Wie komme ich vom einen zum anderen? Wie kann ich meine Lebenssituation in diesem ganz bestimmten Lebensbereich verbessern?

$$A_{Job} \rightarrow B_{Job}?$$
$$A_{Haus} \rightarrow B_{Haus}?$$
$$A_{Partner} \rightarrow B_{Partner}?$$
$$A_{...} \rightarrow B_{...}?$$

Dann können wir damit anfangen, die Situation langsam für uns zu verändern. Und plötzlich ist es hier für uns besser, dort für uns besser und in immer mehr Bereichen immer besser und besser. Wenn wir dafür sorgen, dass unsere Arbeit, unsere Wohnsituation, unsere Beziehung uns glücklicher machen, wird uns auch unser Leben insgesamt besser gefallen.

Die Summe all dessen ist mehr als gesteigerte Zufriedenheit in den einzelnen Lebensbereichen. Sie ist Motivation. Sie ist Leichtigkeit. Sie ist unser Lebenstraum.

> Was macht Sie schon seit längerer Zeit unzufrieden – und Sie machen es trotzdem? Was möchten Sie stattdessen lieber machen?

Link zum Video »Wie finde ich meinen Lebenstraum?«
http://leichtigkeits-training.de/44-21

Mut ist,
sich helfen
zu lassen!

# 22. Von Muträubern und anderen Gaunern

**01.02.2014, Kassel.** Der dritte 7 SUMMITS Supporter Day beginnt. Er ist ein Motivations- und Netzwerk-Event für Selbstständige, Führungskräfte und Unternehmer. Fünfundfünfzig Teilnehmer aus Deutschland, Österreich und der Schweiz sind gekommen, um nach dem Motto »Gemeinsam hohe Ziele erreichen« neue Motivation und Inspiration zu tanken. Um Supporter für die eigenen Projekte zu finden. Um Impulse zu bekommen, wie sie ihre Ziele mit gesteigertem Teamgeist und mehr Leichtigkeit erreichen können. Und um das dafür notwendige berufliche Netzwerk auszubauen.

Angefangen hatte alles im Jahr 2011. Mein erstes Buch »Die 7 SUMMITS Strategie: Mit Leichtigkeit persönliche Gipfel erreichen« stand damals kurz vor dem Druck. Kurze Zeit später würde ich mich auf den Weg in die Antarktis machen. Mit dem Mount Vinson stand die fünfte Expedition meines 7 SUMMITS Projekts an. Aber Bergsteigen ist nicht billig. Das gesamte 7 SUMMITS Projekt war finanziell sehr aufwendig. Alleine die Antarktis-Expedition kostete ungefähr vierzigtausend Euro. Ich brauchte dringend Geld für die Tour und wusste nicht woher. Aber ich beobachtete, dass immer mehr Menschen mein Projekt auf Facebook und durch meinen Newsletter mit Interesse verfolgten. Wie konnte ich diese Menschen mehr an meinem Projekt teilhaben lassen? Und das war die Idee: Jedem, der die Realisierung mit neunundneunzig Euro unterstützt, bot ich eine Widmung auf einer Seite des Buchs an.

Diese Seite ist für
Daniel Assmann

Innerhalb von kurzer Zeit waren die knapp zweihundertvierzig Seiten vergeben. Ich war dankbar. Ich wollte etwas zurückgeben – und lud alle Unterstützer zum ersten 7 SUMMITS Supporter Day ein. Ein Tag, an dem sich Menschen mit einer ähnlichen Grundphilosophie treffen, vernetzen und unterstützen. Sich gegenseitig wertvolle Impulse bieten. Energie voneinander tanken. Sich mit ihren Erfolgsgeschichten gegenseitig motivieren, um mit Leichtigkeit ihre Ziele zu erreichen. Neuen Mut fassen, ihre Träume auch wirklich zu leben.

Denn hohe Ziele zu erreichen, das geht nur, wenn wir auch mal mutig sind. Risiken eingehen. Wie viel Mut wir empfinden, hängt vor allem von dem Umfeld ab, in dem wir uns bewegen.

Menschen mit wenig Mut haben viele Leute um sich herum, die einen negativen Einfluss auf ihren Mut haben. Diese »Muträuber« sagen Dinge wie »Was du da vorhast, ist Quatsch!«, »Das ist doch ein Hirngespinst!«, »Wie willst du das schaffen?«, »Das schaffst du nicht!« oder »Sei doch vernünftig!«. Wenn wir Menschen in unserem Umfeld haben, die nicht glauben, dass wir etwas schaffen, dann werden wir es selbst auch nicht glauben. Das liegt daran, dass unser Selbstbild stark vom Feedback unseres Umfelds geprägt ist.

Das SupportTEAM von mutigen Menschen sieht ganz anders aus. Sie sind umgeben von Menschen, die sagen: »Deinen Traum finde ich super!«, »Du schaffst das!«, »Ich finde gut, was du machst!«, »Ich habe noch einen Tipp für dich!« oder »Ich kenne jemanden, der dich noch besser unterstützen kann!«. Diese Menschen sorgen dafür, dass unser SupportTEAM im Laufe der Zeit immer größer wird. Dadurch wird auch das Leben an dieser

Stelle immer leichter, weil wir auf immer mehr Unterstützung und Support zugreifen können.

Wie schaffen wir es, unser Umfeld zu optimieren? Zunächst schauen wir uns unser Umfeld genauer an. Wenn wir überwiegend Muträuber um uns herum haben, braucht es eine Menge Energie, um uns ein anderes Umfeld zu kreieren. Ein SupportTEAM fliegt uns nicht zu, sondern entsteht nur, wenn wir es uns aktiv erarbeiten und aufbauen. Der erste Schritt dafür ist, die Kontaktzeit mit den Menschen zu reduzieren, die versuchen, uns unseren Traum madigzumachen.

In einem zweiten Schritt erhöhen wir den Kontakt zu den Leuten, die uns Mut zusprechen und uns positiv unterstützen – so wie wir es jedes Jahr auf dem 7 SUMMITS Supporter Day tun.

Wenn wir die Zeit mit Muträubern reduzieren und die mit Mutspendern erhöhen, werden wir im Laufe der Zeit unser persönliches SupportTEAM ausbauen. Damit wächst unser Mut, sodass wir unseren Traum mit mehr Leichtigkeit realisieren können.

> Von welchen Muträubern wollen Sie sich trennen? Zu welchen Mutgebern wollen Sie den Kontakt ausbauen?
> Und wann sehen wir uns auf einem meiner nächsten 7 SUMMITS Supporter Days? ☺

 Video vom dritten 7 SUMMITS Supporter Day
http://leichtigkeits-training.de/44-22

Redest Du noch oder handelst Du schon?

# 23. Ihr Laberköppe!

**20.04.2014, Hamburg.** Vor ein paar Tagen bin ich vom Mount Everest zurückgekehrt. Während ich dort war, sind sechzehn Sherpas ums Leben gekommen. Sechzehn Menschen, mit denen wir bis ins Basislager aufgestiegen sind, waren auf einmal tot. Sie sind gestorben, weil sie die Route durch den gefährlichen Khumbu-Gletscher für Everest-Touristen wie mich präpariert haben.

Noch immer bin ich in einer inneren Starre. Muss das, was da am Berg passiert ist, erstmal für mich einsortieren. Verschiedene Gedanken und Erinnerungen kommen hoch. Ich denke zurück an all die Berichte und Dokumentationen, die ich über die Gefahren am Everest gelesen und gesehen habe. Dann erinnere ich mich an das Gespräch mit einer Frau, die mich vor dem Everest warnte. Sie erzählte mir, sie stehe in Kontakt mit der »Geisterwelt«, und hatte mir ausgerichtet, dass die Everest-Besteigung in 2014 eine gefährliche Angelegenheit werden würde. Und ich sehe vor meinem inneren Auge, wie ich achtundvierzig Stunden vor dem Unglück vor dem Khumbu-Gletscher stehe, überwältigt bin von seiner Größe und Gefährlichkeit und denke: »Wie soll das nur gut gehen?«

Inmitten all dieser Gedanken spricht mich Christof an: »Sag mal, Steve, wie wäre es, wenn du eine Spendenaktion machst?« Christof verfolgt meine Geschichte seit Längerem. Er weiß, dass ich 2011 jedem, der mein 7 SUMMITS Projekt mit neunundneunzig Euro unterstützt hat, eine Seite in meinem Buch zur 7 SUMMITS Strategie gewidmet habe. Daher fragt Christof mich jetzt:

Diese Seite ist für
Mark Remscheidt

»Was wäre, wenn du die gleiche Aktion noch einmal machst? Wer neunundneunzig Euro für die Familien der Sherpas bereitstellt, bekommt eine Seite in deinem neuen Buch?«

Das finde ich super. Bin dankbar für den Impuls, denn ich will den Menschen da unten helfen. Ich überlege nicht lange, sondern poste direkt bei Facebook:

»Bist Du dabei? Am Everest sind vergangenen Freitag sechzehn Sherpas gestorben, die die Route durch den gefährlichen Khumbu-Gletscher präparieren sollten, damit die Bergtouristen in Richtung Gipfel aufsteigen können. Sie hinterlassen ihre Familien, die nun dringend auf Unterstützung angewiesen sind, um zu überleben. Wer neunundneunzig Euro für die Familien der jungen Männer spendet, dem widme ich eine Seite in meinem neuen Buch. Meldet euch einfach per E-Mail mit dem Betreff ›Bin dabei‹ direkt bei mir: steve@stevekroeger.com.«

Es ist toll, wie viele Menschen spontan reagieren und entscheiden, das Spendenprojekt zu unterstützen. Unternehmer, Geschäftsleute, Athleten, Trainer, Coaches, Privatpersonen – ihre Namen finden Sie nun unten auf den Seiten dieses Buchs abgedruckt.

Es gibt aber auch andere Reaktionen. Menschen, die rummotzen. Die rumstänkern. Die mir unterstellen, dass ich aus der Aktion Kapital schlagen will. Die mir vorwerfen, die Situation der Familien zu meinem Vorteil auszunutzen.

Ich denke: Ihr Laberköppe! Ihr sitzt mit eurem Arsch am Schreibtisch und labert, während neunzig Menschen an euch vorbeirennen und die Menschen in Nepal unterstützen. Wir sammeln neuntausend Euro, mit denen die Familien drei Jahre lang abgesichert sind. Und was macht ihr? Ihr macht es euch auf eurem Hintern gemütlich und motzt nur rum. Wenn ihr schon nicht helfen wollt, dann haltet doch zumindest eure Klappe und verurteilt nicht andere, die Gutes im Sinn haben.

Ich kann es nicht fassen. Das ist so, als ob jemand einen Unfall beobachten und dann dem eintreffenden Team des Rettungswagens vorwerfen würde, sie würden nur helfen, um am Ende des Monats ihr Gehalt auf dem Konto zu haben. Es ist eine Sache, nicht zu helfen. Das ist vollkommen in Ordnung. Diese Entscheidung trifft jeder für sich. Aber es ist eine ganz andere Sache, die Hilfsbereitschaft anderer zu verurteilen und selbst untätig zu bleiben.

> Was ist mit Ihnen: Gehören Sie zu den Leuten, die über andere schimpfen? Oder gehören Sie zu denen, die handeln und helfen?

Interview von »Management Radio« zur Nepal-Spendenaktion
http://leichtigkeits-training.de/44-23

Interview vom »Sportsfreund-Magazin« darüber, wie ich das Unglück der Sherpas erlebt habe
http://leichtigkeits-training.de/44-24

Wenn Du Deinen Traum leben willst, musst Du etwas riskieren!

# 24. Zwo, eins, Risiko

**07.11.2010, Bremen.** Michael Bleks spricht in einem Kamingespräch davon, wie er Gelder für einen guten Zweck gewinnt. Er ist Bankkaufman, Subtropenlandwirt, Strategie- und Politikberater sowie Vorsitzender des Aufsichtsrats der Helmut-Bleks-Foundation. Als Junge ist er mit seiner Familie nach Namibia ausgewandert. Seine Eltern Gertraude und Helmut Bleks stellten fest, dass die Kinder ihrer Farmarbeiter weder lesen noch schreiben konnten und auch keine Gelegenheit hatten, dies zu lernen. Sie begannen, sie selbst zu unterrichten, und gründeten 1983 die Helmut-Bleks-Stiftung, um Gelder für einen Schulbetrieb zu sammeln. Heute werden über fünfhundert Schülerinnen und Schüler aller ethnischen Gruppen Namibias von einheimischen Lehrern unterrichtet und auf ein gemeinsames Leben in einem demokratischen Staat vorbereitet.

Michael Bleks beeindruckt mich. Seine Familie ist ein großes Risiko eingegangen, um den Menschen in Afrika zu helfen. Denn dort gibt es keine rechtsstaatlichen Strukturen wie hier. Wenn es ein Problem mit jemandem gibt, kommt keine Polizei. Derjenige kommt selbst. Mit all seinen Freunden.

Dennoch setzt er sich mit all seiner Energie für dieses Hilfsprojekt und andere ein. Er überzeugt Menschen, die eigentlich nichts mit der Sache zu tun haben, sich für andere Menschen zu engagieren. Dabei wirkt er überzeugend, erfahren und gleichzeitig sehr bescheiden. Seine Grundhaltung ist von Verantwortungsbewusstsein und Sinnhaftigkeit geprägt.

Diese Seite ist für
Christof Schosser

Nach seinem Vortrag frage ich ihn: »Was braucht es, um die Denkweise einer Gesellschaft zu ändern?« Er schaut mich an. Lange. Dann antwortet er: »Es erfordert zwei Dinge von dir. Erstens: Zwanzig Jahre deines Lebens zu investieren. Zweitens: Dein Leben zu riskieren.«

Er spricht mit solcher Überzeugung, dass ich ihm glaube. Ich spüre seine Bereitschaft, genau das zu tun. Und genau das hat er ja in den letzten Jahren auch getan, immer und immer wieder.

»Was bin ich bereit zu riskieren, um meinen Traum zu leben?« Diese Frage beschäftigt mich gerade sehr. Denn ich bin vor Kurzem von einer Expedition zurückgekehrt, bei der ich sehr viel riskiert habe. Die dritte Besteigung meines 7 SUMMITS Projekts, der Aconcagua in Südamerika, hatte mir alles abverlangt – und eigentlich noch ein Stück mehr.

Das Gespräch mit Michael Bleks macht mir klar, dass wir schon etwas riskieren, sobald wir einen Traum haben. Denn zumindest riskieren wir, dass wir den Traum erreichen. Oder ihn nicht erreichen.

Die Bereitschaft zum Risiko ist der notwenige erste Schritt, damit wir aus unserem persönlichen Basislager herauskommen. Nur wenn wir diesen Schritt machen, können wir unserem persönlichen Gipfel näherkommen.

Zum Glück müssen wir im Alltag nicht gleich unser Leben riskieren, um Leichtigkeit zu leben und glücklich zu sein. Schon kleinere Risiken ermöglichen uns eine Weiterentwicklung und damit einen weiteren Schritt zu unserem Ziel. Wenn wir uns selbst herausfordern wollen, können wir einfach etwas Neues machen: mal ein neues Restaurant ausprobieren, ein neues Land besuchen, vielleicht auch den Job wechseln, in eine neue Stadt ziehen oder auch nur eine Änderung unserer täglichen Routine. Wir können uns auch auf das Abenteuer einlassen, keine »perfekte« Leistung mehr abzuliefern, sondern nur eine Achtzig-Prozent-Lösung. Diese Art von Risiko kann sehr hilfreich sein, wenn uns Perfektionismus lähmt. Oder wir fassen den Mut, an einer Stelle einfach mal Klartext zu reden, an der wir normalerweise geschwiegen hätten.

> Was sind Sie bereit zu riskieren, um Ihren Traum zu leben?

Wer seinen Traum leben will, sollte häufiger NEIN sagen!

# 25. Nein – oder vielleicht doch ja?

**11.07.2014, Kassel.** Die Teilnehmer meines Ausbildungsseminars zum 7 SUMMITS Strategie Coach formulieren ihre persönliche Frage des Tages. Christiane ist Mitte vierzig und Mutter von zwei Kindern. Für sie geht es um das Thema »Wie schaffe ich es, öfter ›Nein!‹ zu sagen?«.

Ich frage sie: »In welchen Situationen würdest du gerne öfter ›Nein!‹ sagen?« Sie antwortet: »Bei Kollegen, die mich um Hilfe bei unangenehmer Arbeit bitten. Bei einem Freund, dem ich immer wieder Geld leihen soll, ohne dass er es mir je zurückzahlt. Bei Verkäufern, die mich anrufen und mir Produkte anbieten. Und bei meiner Familie, wenn mal wieder ein gemeinsames Essen ansteht.«

»Was glaubst du, warum dir das Neinsagen so schwerfällt?«, will ich wissen. Dazu fällt ihr eine ganze Menge ein: »Ich will nicht egoistisch und herzlos rüberkommen. Keine schlechte Stimmung verbreiten. Ich habe Angst vor Konflikten und davor, bei einem Nein nicht mehr gemocht zu werden. Und ich mag das Gefühl, gebraucht zu werden.«

Wenn wir wie Christiane auf jede Bitte, die an uns herangetragen wird, ganz automatisch mit »Ja!« antworten, besteht die Gefahr, dass wir uns selber aus den Augen verlieren. Wir kommen in einen Automatismus, in dem wir nur reagieren, statt zu agieren. Wir werden gesteuert, statt selbst zu steuern. »Nein!« zu sagen, bedeutet, dass wir mehr Kraft, mehr Zeit, mehr Energie für die Dinge haben, die uns wichtig sind. Oft wissen wir, dass ein

»Nein!« angebracht wäre. Aber wie schaffen wir es, tatsächlich »Nein!« zu sagen?

Wenn eine Bitte an uns herangetragen wird, können wir zunächst antworten mit: »Lass mich bitte darüber nachdenken und in meinem Kalender schauen, ob es passt. Und wenn ja, wie das funktionieren kann.« Dadurch gewinnen wir Zeit. Wir durchbrechen den Ja-Automatismus. Und können ganz in Ruhe überlegen, wie wir reagieren möchten.

Möchten wir »Ja!« sagen, können wir das ganz bewusst tun. Denn wenn wir andere Menschen gerne unterstützen, werden wir immer ein helfender Mensch bleiben. Aber wir können dafür sorgen, dass wir uns dabei nicht selber aufgeben. Dass wir nur so viel einbringen, wie wir auch etwas zurückbekommen. Dass nur so viel Energie abfließt, dass für uns selbst noch genug Kraft übrig bleibt.

Wenn wir aber feststellen, dass wir Nein sagen wollen, gibt es drei Strategien, um uns das Neinsagen leichter zu machen:

Erstens fällt es uns leichter, wenn wir nur zu einem Teil der Bitte Nein sagen und zum Beispiel nicht den ganzen Samstag, sondern nur von 16:00 bis 19:00 Uhr beim Umzug helfen.

Zweitens kann uns ein »Nein!« leichter fallen, wenn wir das Wort als solches vermeiden und zum Beispiel jemand anderen empfehlen, ein Gegenangebot machen oder einen Impuls geben, wie der andere die Situation auch ohne uns lösen kann.

Drittens hilft es, wenn wir unser »Nein!« begründen. Uns für das Vertrauen bedanken, das uns mit der Bitte entgegengebracht wird. Aber auch ganz klar sagen, aus welchen Gründen wir der Bitte nicht entsprechen wollen.

Dabei brauchen wir keine Angst davor zu haben, dass bei einem klaren »Nein!« die Stimmung schlecht wird. Im Gegenteil: Sie wird vor allem dann schlecht, wenn wir »Ja!« sagen, obwohl wir »Nein!« meinen. Denn dann haben wir eine schlechte Stimmung mit uns selbst.

Erst wenn wir den Mut haben, auch mal »Nein!« zu sagen, bleiben wir bei uns. Bei dem, was uns wichtig ist. Denn mit jedem »Nein!« sagen wir gleichzeitig »Ja!« – zu uns selbst, zu unserem Traum und zu mehr Leichtigkeit.

> **Wann sagen Sie »Ja!«, obwohl ein »Nein!« für Sie besser wäre?**

Nur weil
es viele tun,
heißt es nicht,
dass es gut ist.

# 26. Die Lemminge: Aaaaaaaaaaaaaa

24.10.2014, Moshi, Tansania. Sonne, Liegestuhl, Kaltgetränk. Herrlich. Der Start der neunten Kilimandscharo-Seminarreise steht kurz bevor. Zusammen mit den Teilnehmern, die schon angereist sind, sitze ich am Pool. Wir genießen die Wärme. Plaudern über die Vorbereitungszeit auf die Reise. Lernen uns kennen.

Ein Teilnehmer weist darauf hin, dass sich ein Stück von uns entfernt ein Drama abspielt. Am Stamm einer Palme läuft eine Ameisenkolonie herunter. Ameise folgt auf Ameise. Jede folgt der Ameise vor ihr. Geordnet. Gleichmäßig. Eigentlich ein schönes Bild. Aber unten auf dem Boden sitzt ein Gecko. Wie ein Haufen Lemminge wandert eine Ameise nach der anderen direkt in das geöffnete Maul des Geckos.

Manchmal ist es gut, wenn wir uns an anderen orientieren. Von ihrem Wissen und ihren Erfahrungen profitieren. Ihrem Weg folgen. Es bringt Leichtigkeit, wenn wir nicht an jeder Weggabelung neu entscheiden und überdenken, ob links, rechts oder geradeaus uns am schnellsten und besten zum Ziel führt. Das ist wie mit unseren Routinen. Auch sie sparen Energie, weil wir unsere Kraft in Wichtigeres stecken können, als jedes Mal neu über Kleinigkeiten nachzudenken.

Es gibt aber auch Momente oder Lebensphasen, in denen es sinnvoll ist, zu hinterfragen, ob es noch richtig ist, uns an anderen zu orientieren. Ob es noch zu unserem Ziel passt. Zu unseren Erfahrungen. Zu unseren Möglichkeiten. Oder ob es angebracht ist, eigene Ideen, Ansätze und Wege zu entwickeln.

Im Internet kursiert beispielsweise eine Geschichte um ein Experiment mit Affen. Man legte auf die oberste Stufe einer Leiter Bananen. Sobald ein Affe die Leiter bestieg, um sich die Banane zu holen, wurden die anderen Affen mit kaltem Wasser bespritzt. Da sie das natürlich nicht gut fanden, gingen sie auf den Affen auf der Leiter los. Das führte dazu, dass sich nach einiger Zeit kein Affe mehr traute, auf die Leiter zu klettern, weil er sonst Prügel bezog. Dann wurden nach und nach alle Affen im Käfig durch andere Affen ausgetauscht, um zu überprüfen, ob sich die neuen Tiere das Verhalten von den anderen abschauen. Obwohl kein Tier mehr mit Wasser bespritzt wurde, attackierten die Tiere weiter jeden Affen, der die Leiter erklimmen wollte. Sie hatten dieses Verhalten einfach von den anderen Affen übernommen.

Die Geschichte illustriert, was passieren kann, wenn wir zu lange ohne zu hinterfragen einfach das tun, was andere um uns herum auch machen. Den Affen aus dem Beispiel entgeht in dem Fall nur eine leckere Banane. Aber bei uns kann es dazu führen, dass wir die Ziele anderer verfolgen, statt unseren eigenen Traum zu leben.

Doch woher wissen wir, wann wir etwas hinterfragen sollten und wann nicht? Wann sollten wir beginnen, Sachen anzuzweifeln? Herangehensweisen anzuzweifeln? Uns anzuzweifeln? Ein guter Zeitpunkt ist dann gekommen, wenn wir merken, dass wir immer weniger Dinge mit Leidenschaft tun. Wenn uns das, womit wir uns beschäftigen, langweilt. Wenn unser Energiepegel eher sinkt als steigt. Wenn unsere Motivation deutlich niedriger ist als sonst. Wenn wir das an uns selbst beobachten, ist ein guter Moment gekommen, um uns zu fragen: Mache ich das, was ich mache, weil es andere so machen? Weil andere es so von mir erwarten? Oder weil es meine freie Entscheidung ist?

Wenn wir nur noch ein Spielball unseres Umfelds sind und stark fremdgesteuert werden, entfernen wir uns von uns selbst. Wir können dann nur noch wenig Energie für das bereitstellen, was uns wirklich wichtig ist. Wir empfinden kaum noch Leidenschaft, weil wir nicht das tun, was uns selbst am nächsten kommt, sondern was dem anderen ein Bedürfnis ist.

In diesem Fall ist es Zeit, etwas zu ändern. Uns noch viel stärker an uns selbst zu orientieren. Viel mehr das zu tun, was uns entspricht. Das heißt aber nicht, dass wir uns von unserem Umfeld abwenden sollten. Wir können andere weiter als wichtige Ressource nutzen. Für Feedback. Für Impulse. Für Unterstützung. Aber auf eine Art und Weise, die uns wieder mehr Energie gibt, statt uns Kraft zu kosten. Denn wenn mehr Leichtigkeit und mehr Energie da sind, wird auch das Ergebnis besser sein.

> **Was tun Sie aus freien Stücken und was nur, weil es andere auch tun?**

Hinter jeder
Herausforderung
steckt ein
Geschenk!

# 27. Auspacken, bitte!

**11.10.2013, Kassel.** Eines meiner Ausbildungsseminare zum 7 SUMMITS Strategie Coach beginnt. Wir stellen uns vor: Wer sind wir? Was machen wir in unserem Alltag? Was hat uns hierher gebracht?

Einer der Teilnehmer ist Rüdiger Böhm. Er erzählt seine Geschichte: »Ich wurde 1970 in Erbach im Odenwald geboren. Seit meiner Kindheit spielt Sport eine entscheidende Rolle in meinem Leben. Fußball ist meine große Leidenschaft, aber auch jede Form von Wassersport, Skifahren und Tennis. Nach dem Abitur studierte ich Sportwissenschaft. Zur Finanzierung meines Studiums jobbte ich in der Gastronomie, als Fitnesstrainer und als Fußballtrainer. Wenn ich nicht gerade als Student in der Sporthalle stand oder als Trainer im Studio vorturnte, spielte ich Squash, Tennis, Golf oder war als Skilehrer unterwegs. Zum Ausgleich ging ich schwimmen, Rad fahren oder joggen und abends mixte ich Cocktails und servierte Drinks an der Bar. Eigentlich alles ganz normal für einen etwas sportverrückten Studenten der Sportwissenschaft – das war es auch ... bis, ja bis zu dem Tag, als ich mit meinem neuen Rennrad zur ersten Trainingsfahrt aufgebrochen war. An diesem 21.04.1997 änderte sich alles. Nach einer Kollision mit einem Lastkraftwagen wurde ich schwer verletzt ins Darmstädter Klinikum eingeliefert. Was folgte, waren viele kritische Tage und lange Wochen im Krankenhaus. Und am Ende stand ich da, nein, saß ich da, im Rollstuhl – ohne Beine. Heute habe ich mich zurück ins Leben gekämpft, mit Prothesen laufen

Diese Seite ist für
Richard de Hoop

gelernt und bin wieder auf die Beine gekommen. Menschen fragen mich manchmal auf der Treppe oder im Shoppingcenter, ob ich denn ein Problem mit dem Knie oder mit der Hüfte hätte, was ich lächelnd verneine. Inzwischen lebe ich in der Schweiz und Sport ist wieder der Mittelpunkt meines Lebens. Als Speaker und aktiver Sportler lebe ich täglich für meinen Sport.«

Rüdiger ist einer der lebensfrohsten Menschen, die ich kenne. Er hat seinen Frieden mit seinem Unfall geschlossen. Er bejaht und lebt sein Leben. Lebt seine Leidenschaften, seinen Traum.

Wir haben die Wahl, wie wir mit den Dingen umgehen wollen, die uns passieren. Wir können uns darüber ärgern. Wir können nach Gründen suchen. Wir können andere beneiden, denen das nicht passiert ist. Wir können uns fragen: Warum wird mein Fahrrad geklaut? Warum wird mein Auto zerkratzt? Warum wird mein Job gekündigt? Warum verlässt mich mein Partner? Warum passiert das gerade mir?

Wir können uns aber auch bewusst machen, dass wir diese Dinge nicht ändern können. Den Fokus auf das richten, worauf wir Einfluss haben. Und den Dingen, die wir nicht ändern können, einen Sinn zuschreiben.

Denn wenn wir etwas als sinnhaft erleben, entsteht Leichtigkeit. Ob es um Unfälle, Krankheiten oder das Älterwerden geht: All das können wir nicht ändern, aber wir können daraus lernen. Es geht immer darum, dass wir die Situation so betrachten, dass alles einen Sinn hat. Wenn wir diese Perspektive einnehmen, können wir eine lebensbejahende Haltung einnehmen.

Natürlich ist das nicht leicht. Bei schweren Krankheiten und Todesfällen sind wir zum Beispiel erstmal wie erstarrt. Aber ich glaube daran, dass es hilft, alles in einen größeren Kontext zu setzen. Den Blick auf das Wesentliche zu richten.

In unserer aktuellen gesellschaftlichen Situation und beim heutigen Stand der Technik glauben wir, dass wir alles lösen und kontrollieren können. Dass alles schon irgendwie geregelt wird. Wieder in Ordnung kommt. Wieder gut wird. Aber wir sind nun einmal endlich. Jeder von uns. Und manchmal liegt der Sinn von etwas einfach darin, dass wir genau daran erinnert werden.

Das ist eine Herausforderung. Gleichzeitig ist es ein großes Geschenk. Denn es bestärkt uns darin, stets das Beste aus uns und unserem Leben zu machen. Wir selbst zu sein. Das zu tun, was uns wirklich wichtig ist. Unseren Traum nicht nur zu denken, sondern ihn zu leben.

> Wenn Sie an einen Ihrer letzten Schicksalsschläge denken – was ist das Gute daran? Und was hätten Sie ohne dieses Ereignis nicht gelernt?

 Link zum Interview »Die 7 SUMMITS Strategie als Motivationstool im Coaching« mit Rüdiger Böhm
http://leichtigkeits-training.de/44-27

Wenn Du versuchst etwas festzuhalten, dann hast Du es bereits verloren!

# 28. Who the fuck is Fred?

**23.12.2011, Antarktis.** Fred und ich sind im Low Camp des Mount Vinson, 2700 m hoch. Es ist Nacht. Und kalt. Und eng. Schulter an Schulter liegen wir nebeneinander. Fred ist Amerikaner und erfolgreicher Unternehmer. Er vertreibt weltweit Hygieneartikel. Mich interessiert, was Fred für Erfahrungen mit Teamarbeit gemacht hat. Ich frage ihn: »Du hast doch in deiner Firma jeden Tag mit Teams zu tun. Was glaubst du, wie man am besten ein Hochleistungsteam aufbaut? Ein Team, in dem wirklich alle mit maximaler Kraft auf das gleiche Ziel hinarbeiten?«

Fred denkt kurz nach. Dann antwortet er: »Get rid of the wrong people. Trenne dich von den falschen Leuten. Ich habe jahrelang immer wieder den gleichen Fehler gemacht: gehofft, dass die Leute, die in einem Team nicht die gewünschte Leistung erbringen, doch noch die Kurve kriegen. Ich habe gewartet. Nachsicht gezeigt. Gespräche geführt. Inzwischen aber habe ich gelernt, dass sie das nicht tun werden. Entweder ein Teammitglied performt, oder es performt nicht. Wenn es jetzt nicht performt, wird es nie die beste Performance zeigen. Und die Führungskräfte spüren das. Sie kennen die Sollbruchstelle in ihrem Team, aber halten oft aus Loyalität an der Person fest. So kommt das Team aber nicht weiter. Es kann zwar eine gute Leistung erbringen, aber keine exzellenten Leistungen.«

Ich erzähle diese Geschichte oft in meinen Vorträgen. Was meinen Sie, passiert dann? Wie ist die Reaktion des Publikums, wenn ich sage, dass es leider in so gut wie jedem Team jemanden

Diese Seite ist für
Alexander Munke

gibt, der nicht die geforderte Leistung erbringt? Die meisten Zuhörer nicken. Denn sie kennen das aus ihren Teams aus eigener Erfahrung.

Statt den Mut zu einer Trennung aufzubringen, drücken wir uns davor, Verantwortung für die Situation zu übernehmen. Wir bessern die Fehler des anderen aus. Übernehmen seine Aufgaben. Sind davon genervt. Frustriert. Müde. Wir lassen zu, dass unsere Energie von anderen weggesaugt wird. Und dass auch das Energielevel des Teams deutlich niedriger ist, als es sein könnte.

Mit so einer Situation ist niemandem geholfen. Denn auch wenn wir versuchen, so ein Teammitglied zu halten – eigentlich haben wir es schon verloren. Underperformer werden nie wirklich als Teil des Teams gesehen. Und meistens fühlen sie sich auch nicht so. Einen Schlussstrich zu ziehen, ist nur konsequent. Andernfalls zögern wir nur eine Trennung hinaus, die ohnehin irgendwann erfolgen wird.

Das gilt nicht nur für die Teamarbeit. Wenn wir zum Beispiel in einer Partnerschaft versuchen, den anderen festzuhalten, weil wir Angst haben verlassen zu werden, dann haben wir den anderen eigentlich schon verloren.

Auch Ideen sollten wir manchmal loslassen. Sonst blockieren wir uns und andere dabei, das zu tun, was wir eigentlich tun möchten und manchmal auch tun müssen.

Das heißt nicht, dass das Loslassen einfach ist. Es ist immer leichter, an etwas Gewohntem festzuhalten, als etwas Neues anzustoßen. Denn es braucht einen großen Energieaufwand, um die Veränderung in Gang zu setzen. Oft scheint es bequemer,

Diese Seite ist für
Christina Lohrenz

alles so zu lassen, wie es ist – das kennen wir aus allen Lebensbereichen.

Natürlich können wir aus jeder Beziehung auch etwas Positives ziehen und daran wachsen. Doch manchmal raubt es uns langfristig mehr Kraft, dauerhaft aus Mangel und Angst heraus an etwas festzuhalten, als uns in Fülle und Dankbarkeit zu verabschieden. Wir können uns jedoch verdeutlichen, dass eine Trennung auf lange Sicht auch für den anderen eine Wohltat ist. Auch er kommt heraus aus der schlechten Stimmung. Den Konflikten. Den unerfüllten Erwartungen. Dem ganzen emotionalen Stress. Und hat so die Chance, sich woanders ganz neu aufzustellen und zu entfalten.

Sich von etwas zu verabschieden, bedeutet Raum für Neues zu schaffen. Loslassen ermöglicht Wachstum.

> **Woran halten Sie schon viel zu lange fest?**
> **Was möchten Sie loslassen?**

 Link zu einem Vortragvideo von Steve Kroeger zum Thema »Get rid of the wrong people«
http://leichtigkeits-training.de/44-28

Feedback macht Dein Leben leichter!

# 29. Kaffee um 08:47 Uhr

02.10.2014, Hamburg. Auf dem Weg zu einem Treffen mit meinem Team komme ich an einem Café vorbei. Es ist kurz vor 9:00 Uhr. Vor dem Café sitzen die Menschen in der Sonne, trinken ihren Kaffee, unterhalten sich, bereiten sich auf den Tag vor. Im Vorbeigehen schnappe ich auf, wie eine Frau zu einem Mann sagt: »Zum einen zählt, was man kann. Zum anderen zählt, was wir darüber denken!«

Weil ich direkt weitergehe, höre ich nicht, wie das Gespräch weitergeht. Ich werde nicht erfahren, worüber sich die beiden genau unterhalten haben. Aber der Satz beschäftigt mich. Was genau meinte die Frau? Was für einen Unterschied macht es, wie wir über unsere Kompetenzen denken? Wenn wir sie vielleicht gar nicht als Stärke wahrnehmen? Was wäre möglich, wenn wir uns unserer Stärken wirklich bewusst wären? Was wäre möglich, wenn wir Zugriff auf unser volles Potenzial hätten? Was wäre möglich, wenn wir keine Zweifel mehr hätten? Was wäre möglich, wenn wir das Leben leben könnten, das wir uns wirklich wünschen?

Es gibt einen Unterschied zwischen den Fähigkeiten, die wir nur nutzen, und der Art, wie wir darüber denken. Nur weil wir etwas gut können, heißt das noch lange nicht, dass wir uns dessen auch bewusst sind.

In meinen Seminaren sitzen häufig Menschen, die schon eine lange und erfolgreiche berufliche Laufbahn hinter sich haben. Sie nehmen teil, weil sie herausfinden wollen, was wirklich ihre

Diese Seite ist für
Christa Schmeide

Stärken sind. Ohne Probleme könnten sie eine lange Liste ihrer Schwächen anführen. Aber eine Liste mit ihren Stärken anzufertigen, fällt ihnen schwer.

Selten leiden wir darunter, dass wir unsere Fähigkeiten überschätzen. Wir leiden eher darunter, dass wir unsere Fähigkeiten unterschätzen. Im schlimmsten Fall führt das dazu, dass wir uns selbst davon abhalten, unsere Träume zu verwirklichen. Und im allerschlimmsten Fall tendieren wir sogar dazu, die Fähigkeiten anderer zu unterschätzen. Ihnen einzureden, dass sie etwas nicht schaffen. Dass ihr Ziel nicht realistisch und ihr Traum ein Hirngespinst sei.

Wenn wir mit Leichtigkeit leben und unsere Ziele erreichen wollen, gehört es dazu, dass wir uns zuerst entscheiden, unsere Fähigkeiten zu entdecken, sie zuzulassen und einzusetzen. Im Regelfall können wir mehr, als wir uns zutrauen. Aber woher können wir mit Sicherheit wissen, was unsere Stärken sind? Was tun, wenn wir uns unserer Kompetenzen nicht bewusst sind?

Natürlich könnten wir uns einfach hinsetzen und versuchen, eine Liste zu schreiben. Eine Liste von den Dingen, von denen wir glauben, dass sie unsere Stärken sind. Aber aus meinen Seminaren weiß ich, wie schwer es vielen Menschen fällt, ihre eigenen Fähigkeiten zu benennen. Ihre persönlichen Stärken zu finden. Ihre besonderen Potenziale zu entdecken.

Zwei Dinge können uns hier helfen: ausprobieren und Feedback einholen. Ob wir einer Herausforderung gewachsen sind, können wir nur herausfinden, wenn wir es versuchen. Und andere fragen, wie sie uns dabei erleben.

Die Teilnehmer meiner Kilimandscharo-Seminarreisen wissen nicht, ob sie den höchsten Berg Afrikas besteigen können. Aber sie haben die Entscheidung getroffen, es auszuprobieren. Und sie erhalten von den anderen Teilnehmern wertvolle Bestärkung darin, ihren Weg weiterzugehen.

Es ist wichtig, Menschen in unserem Umfeld zu haben, die an uns und unsere Fähigkeiten glauben. Vor allem, wenn wir selbst es mal nicht tun. Gerade an Tagen, an denen es uns mal nicht so gut geht, können wir jederzeit auf diese Menschen zugehen, sie um ein kurzes Feedback bitten und uns so Balsam für unsere Seele abholen. Sie fragen, wo sie unser Potenzial sehen, das wir noch nicht voll ausschöpfen. Sie fragen, welche Fähigkeiten sie an uns schätzen. Welche Stärken sie uns zuschreiben. Welche Eigenschaften sie an uns mögen.

> Mal angenommen, ich würde Ihren besten Freund fragen, welche drei Eigenschaften Sie zu einer ganz besonderen Persönlichkeit machen – was würde er antworten?

Das Ziel sind
nicht die Gipfel,
sondern die
persönlichen Grenzen

# 30. Leinen los!

**10.08.1628, Schweden.** Gustav II. Adolf von Schweden lässt ein neues Kriegsschiff bauen, die »Vasa«. Als er erfährt, dass der Feind ein ganz ähnliches Schiff besitzt, befiehlt er, noch weitere Kanonen zu installieren. Dadurch gerät die gesamte Statik des Schiffs außer Kontrolle. Tests zeigen, dass es nicht mehr stabil im Wasser liegt. Die Konstrukteure wissen, dass das Schiff heillos überladen ist. Aber keines ihrer Argumente kann den König überzeugen. Nach dem Motto »Geht nicht, gibt's nicht!« ignoriert Gustav II. Adolf den Rat seiner Konstrukteure und besteht darauf, dass das Schiff am 10.08.1628 die Anker lichtet. Etwa eine Meile nach dem Start kentert das Schiff beim ersten stärkeren Windstoß. Viele Männer der Besatzung sterben.

Unmittelbar nach dem Untergang der »Vasa« wurde ein Prozess eröffnet, um die Schuldigen zu finden und ihrer gerechten Strafe zuzuführen. Im Prozess wurden die zu schwere und falsche Beladung sowie die zu geringe Breite des Rumpfs als Ursache identifiziert. Für beides konnte aber nur der König verantwortlich sein, da er den Befehl zur Überladung gegeben hatte, ohne bauliche Veränderungen vorzunehmen. Der Prozess führte zu keinem Urteil, Gustav II. Adolf blieb ungestraft und weiter König.

Auch wenn die Geschichte der »Vasa«, ihrer Crew und des damaligen Königs von Schweden schon viele Jahre in der Vergangenheit liegt – die Frage nach dem richtigen Umgang mit Verantwortung ist immer noch aktuell.

Diese Seite ist für
Martin Zech

Erst vor Kurzem habe ich nach einem meiner Vorträge im Publikum Platz genommen und zugehört, was der Konzernchef seinen Mitarbeitern zu sagen hatte. Er hielt eine motivierende Rede. Sprach von ambitionierten Zielen. Von starker Leistung. Von enormer Durchhaltekraft und unbedingtem Siegeswillen.

Während ich zuhörte, wendete sich mein linker Sitznachbar an mich: »Unser Konzernchef, das ist ein richtig guter Typ. Wahnsinn, was der aufgebaut und geleistet hat! Der war mal mit einer kleinen Gruppe von Mitarbeitern bergsteigen. Sie mussten die Gipfelbesteigung allerdings abbrechen, weil schlechtes Wetter aufkam. Für den Bergführer war klar, dass ein weiterer Aufstieg unter diesen Bedingungen zu gefährlich ist. Und weißt du was? Drei Männer waren notwendig, um unseren Chef unter körperlichem Einsatz davon abzuhalten, die Besteigung weiter fortzusetzen. Der wollte weiter nach oben. Unbedingt den Gipfel erreichen. Was für ein Vorbild! Das ist doch total motivierend, findest du nicht?«

Ich denke darüber nach. Finde ich das motivierend? Ist das für mich vorbildlich? Wird er damit seiner Verantwortung gerecht? Ich denke: Nein. Wenn jemand auf Biegen und Brechen und trotz aller Risiken den Berg weiter hochrennen will, obwohl es so gefährlich ist, dass Experten davon abraten, ist das für mich keine Demonstration von Motivation. Es ist eine Demonstration von Dummheit.

Ob wir nun König von Schweden, Chef eines internationalen Konzerns, Sachbearbeiterin, Ehemann oder Mutter sind: Mit allem, was wir tun oder nicht tun, sind wir Vorbild. Wir übernehmen immer Verantwortung für uns und für andere. Dabei sollten wir uns die Frage stellen: Werde ich meiner Verantwortung gerecht? Oder setze ich mich und andere unverantwortlichen Risiken aus?

Es ist eine Sache, für unseren Traum zu leben. Aber es gibt Grenzen. Wenn wir uns selbst gefährden. Wenn wir andere gefährden. Wenn wir die Grenzlinie nicht erkennen, weil wir den Blick auf uns selbst und den Blick für die Grenzen anderer verloren haben. Wenn wir unser Ziel erreichen wollen, dürfen wir unsere Grenzen und die Grenzen anderer nicht überschreiten. Wir dürfen uns selbst und andere nicht bewusst in Gefahr bringen.

Wenn wir mit unseren Kräften gut haushalten und Risiken gesund abwägen, kommt Leichtigkeit in die Sache. Dann erst werden wir unserer Verantwortung gerecht. Der Verantwortung für uns selbst, für unser Ziel und für andere.

> Inwieweit überschreiten Sie manchmal Grenzen? Bedenken Sie dabei sowohl Ihre Vorbildfunktion als auch die damit verknüpfte Verantwortung für andere?

Manchmal sollten wir den Dingen die chance geben, auf uns zukommen zu Können!

# 31. Abwarten und Milchkaffee trinken

**18.07.2014, Hamburg.** Nadja und ich sitzen an der Alster. Sie ist eine sehr gute Freundin von mir, neunundzwanzig Jahre alt und arbeitet in einer Eventagentur. Sie macht Karriere, leitet ein Team von zwanzig Leuten. Sie fokussiert sich sehr auf ihren Job, arbeitet ziemlich viel und nimmt auch mal Arbeit mit nach Hause. Letzte Woche hat sie einen Mann kennengelernt. Ihr Fazit: »Gefunkt hat es nicht, aber bestimmt treffen wir uns auf einen Kaffee wieder.«

Da wir eh schon beim Thema sind, erzähle ich ihr, dass ich mich vor ein paar Tagen frisch verliebt habe. Nadja hört mir eine Weile zu, ohne jede Regung. Ihr Gesichtsausdruck wirkt, als wäre sie mit ihren Gedanken abgeschweift. Dann sagt sie: »Steve, ich freue mich für dich. Das klingt toll. Ich wünsche mir auch einen Partner, für den ich genau die eine Frau bin. Ich möchte nicht mehr auf der Suche sein. Möchte einfach ankommen.«

Natürlich hat das Singleleben auch seine Vorteile. Nadja braucht keinen Mann. Sie wohnt in ihrer eigenen Wohnung, macht Karriere, verdient gutes Geld, genießt ihre Freiheit. Und gleichzeitig ist da dieser Wunsch nach einem Partner.

Wenn wir in einer Phase sind, in der wir den einen Mann, die perfekte Wohnung, den richtigen Job in der richtigen Firma herbeisehnen, sind wir in einer »Das-will-ich-haben«-Haltung. Wir wollen unbedingt das bekommen, was wir uns wünschen. Alles andere ist falsch. In so einem Zustand sind wir nicht in der Balance. Wir sind mit unseren Gedanken und Gefühlen nicht mehr

Diese Seite ist für
Petra-Annette Seyfert

im Hier und Jetzt. Wir investieren ganz viel Energie. Wir sind in einer permanenten Grundanspannung. All das hat nichts mehr mit Leichtigkeit zu tun.

Um zu bekommen, was wir uns wünschen, brauchen wir eine Haltung, in der wir uns dem Lebensfluss hingeben. Wir brauchen die richtige Balance zwischen Kontrolle und Loslassen. Wir sollten den Dingen eine Chance geben, auf uns zuzukommen. Wir brauchen das Vertrauen, dass all das, was uns passiert und was wir vom Leben angeboten bekommen, in diesem Moment genau das Richtige ist. Wir werden bekommen, was wir uns wünschen, wenn wir bereit dafür sind. Dann werden wir die richtige Wohnung finden. Den richtigen Job in der richtigen Firma angeboten bekommen. Den richtigen Partner kennenlernen.

Wenn wir unser Leben so akzeptieren, wie es gerade ist, entsteht Leichtigkeit. Wenn wir überzeugt sind, dass das, was wir vom Leben gerade angeboten bekommen, für uns das Beste ist – auch wenn es sich im Moment vielleicht nicht richtig und nicht gut anfühlt und wir erst zu einem späteren Zeitpunkt verstehen werden, warum auch diese Phase für uns wichtig war.

Versicherungen, Jahrespläne und Co. lassen uns glauben, dass wir alles kontrollieren können. Aber wir können nicht wissen, was das Leben mit uns vorhat! Wir können noch so viele Pläne für das machen, was wir erreichen wollen – es kann immer passieren, dass unser Plan nicht aufgeht. Dass ein anderer Bewerber den Job kriegt. Dass ein anderer Mann die Frau bekommt. Dass ein anderer Interessent die Wohnung bekommt, die man haben wollte. Dann können wir zwar denken: »Das kann doch nicht sein, das habe ich doch alles geplant!« Aber das bringt uns nicht weiter. Es ist eine Illusion, dass das Leben planbar ist. Wir können höchstens die Richtung vorgeben. Die Herausforderung ist, mit Unvorhergesehenem umzugehen. Nicht zu glauben, dass etwas nur anderen passiert. Nicht die Augen davor zu verschließen, dass vieles, aber nicht alles in unserer Hand liegt. Sondern zu wissen, dass all die Schlenker, die unser Weg nach rechts und links und oben und unten macht, genau das sind, was wir Leben nennen.

> Glauben Sie daran, dass sich
> Ihre Wünsche erst dann erfüllen,
> wenn Sie dafür bereit sind?

Man muss im Leben nicht alles verstehen!

# 32. Neuigkeiten aus der Geisterwelt

20.09.2012, Schwerin. In meinem Motivationsvortrag »Die 7 SUMMITS Strategie« nehme ich die Teilnehmer mit auf die Gipfeletappe einer Kilimandscharo-Besteigung: »Der Anstieg beginnt um Mitternacht. Lange, kalte und anstrengende Stunden des Aufstiegs folgen. Ich gebe regelmäßig durch, wie lange es noch bis zum Sonnenaufgang dauert. Noch drei Stunden. Zwei Stunden. Eine Stunde. Dreißig Minuten. Zwanzig Minuten. Zehn Minuten. Licht verspricht Wärme. Licht verspricht Orientierung. Licht verspricht Kraft. Dann geht am Horizont die Sonne auf ...«

»Dieser Moment ist jedes Mal so ergreifend und berührend, dass den Teilnehmern meiner Seminarreisen und mir die Tränen über das Gesicht laufen. Dieser Moment ist mehr als nur eine Entschädigung für die monatelange Vorbereitung und das reduzierte Leben der letzten Tage. Dieser Moment ist überwältigend und der wahre Grund, warum wir dort sind.«

Nicht nur am Kilimandscharo, sondern auch während meiner Vorträge hat der Anblick dieses Sonnenaufgangs große Wirkung. Im Raum, in den Teilnehmern selbst kehrt Ruhe ein. So, als erleben sie den Sonnenaufgang live mit.

Als ich nach dem Vortrag meine Sachen zusammenpacke, kommt eine Dame zu mir. Sie sagt: »Dieses Bild vom Sonnenaufgang ist genau das, was man sieht, wenn man stirbt.«

Irritiert und neugierig verabreden wir uns zu einem Telefonat. Darin erzählt sie mir, dass sie als junge Erwachsene einmal gestorben ist, aber reanimiert werden konnte. Seit vielen Jahren versucht sie mitzuteilen, was sie im Augenblick ihres Todes erlebt, gesehen, gefühlt hat. Aber sie konnte es nicht, weil sie keine Worte dafür hatte. Sie berichtet weiter, dass sie durch Ihre Todeserfahrung mit der Geisterwelt in Kontakt gekommen ist. Dann fragt sie mich ganz unvermittelt: »Müssen Sie eigentlich noch auf die letzten beiden Berge steigen, um das zu vervollständigen, was Sie mit dem 7 SUMMITS Projekt begonnen haben?«

Merkwürdig. Da telefoniere ich mit einer Frau, die mich nur für die kurze Zeit meines Vortrags erlebt hat, und sie trifft auf den Punkt das, was mich gerade beschäftigt. Beschreibt genau mein inneres Befinden. Denn immer wenn ich an Alaska denke, bin ich mir nicht sicher. Und immer wenn ich an den Everest denke, bekomme ich Angst. Ich beschließe, die Dame ins Vertrauen zu ziehen und zum ersten Mal offen darüber zu sprechen: »Wissen Sie, wenn ich ganz ehrlich bin, habe ich da so meine Zweifel.«

Sie bietet mir an, in der Geisterwelt für mich zu fragen, was ich machen soll. Ich nehme ihr Angebot an und erfahre: »Sie brauchen da nicht hinzugehen.« Sie fragt mich weiter, ob sie nachfragen soll, ob die Besteigungen für mich gefährlich sind. Auch das bejahe ich und höre: »Alaska ist nicht gefährlich für Sie. Aber der Everest schon. Nehmen Sie sich in Acht.«

Irgendwie komisch – monatelang habe ich mich gefragt, was ich mit diesen beiden Bergen machen soll. Ich bin abends mit der Frage ins Bett gegangen und morgens mit ihr aufgewacht. Und dann kommt diese Frau, die alles für mich auflöst. Auf einmal ist eine ganz große innere Klarheit in mir. Ich weiß jetzt, dass ich nach Alaska reisen werde, um den Berg zu besteigen. Und ich weiß auch, dass ich zwar zum Everest fahren werde – aber ohne Gipfelambition.

Rückblickend bin ich froh, dass alles genau so gekommen ist, wie es gekommen ist. In der Zeit, in der ich am Everest war, passierte dort das bisher größte Lawinenunglück. Sechzehn Sherpas haben ihr Leben verloren. Ich bin immer noch geschockt über das Unglück. Traurig. Betroffen. Aber auch dankbar.

Ich habe keine Erklärung dafür, was das für eine Frau war und was während unseres Gesprächs genau passiert ist. Manchmal erleben wir Dinge, die wir nicht verstehen. Die nicht offensichtlich sind. Die manchmal schön, manchmal sinnlos, manchmal traurig sind. Die Einfluss darauf haben, ob wir erfolgreich sind oder scheitern. Die uns irritieren, verwundern, zum Staunen bringen.

Diese Dinge brauchen wir nicht zu erklären. Denn die Suche nach ihrem Was, Wie und Warum bindet Energie. Wenn wir merken, dass wir nach einer Erklärung suchen und suchen und nichts finden, können wir noch drei weitere Jahre suchen. Wir können uns aber auch davon entlasten, für alles eine Erklärung finden zu wollen. Und die Energie dafür stattdessen für die Verwirklichung unserer Träume einsetzen.

> Welche Situation versuchen Sie sich schon seit Längerem zu erklären und was wäre, wenn Sie sie einfach mal so stehen lassen?

Heute ist
ein guter Tag,
um richtig
Gas zu geben!

# 33. »Das Leben ist ein mieser Verräter«

15.07.2014, Hamburg. Draußen sind 35 °C im Schatten. Meine Partnerin und ich sitzen im klimatisierten Kino. In den letzten Tagen habe ich hart und viel gearbeitet. Um mich zu belohnen, gönne ich mir nun mitten in der Woche die Nachmittagsvorstellung und Eiskonfekt.

Der Abspann läuft. Gerade habe ich »Das Schicksal ist ein mieser Verräter« gesehen. Zum ersten Mal habe ich nach einem Film den Impuls, aufzustehen und klatschen zu wollen. So schön war das. Der Film erzählt von jugendlichen Krebspatienten, die sich in einer Selbsthilfegruppe kennenlernen. Hazel und Gus haben beide Krebs und kommen sich näher. Sie will ihn vor dem Schmerz ihres unvermeidlichen Todes bewahren und sucht Abstand. Aber Gus versichert ihr, dass sie ihm viel mehr bedeutet als jeder Schmerz, der durch ihren Tod entstehen wird. Er erfüllt Hazel einen Herzenswunsch und fährt mit ihr zu ihrem Lieblingsautor nach Amsterdam. Obwohl das Treffen mit dem Autor eine Enttäuschung ist, haben die beiden eine schöne Zeit dort. Sie küssen sich zum ersten Mal, schlafen zum ersten Mal miteinander. Nach ihrer Rückkehr erzählt Gus dann, dass sein Krebs zurückgekehrt ist und er keine große Überlebenschance mehr hat. Er bittet Hazel und seinen besten Freund, eine Vorabbeerdigung vor seinem Tod abzuhalten, damit er dabei sein und die Grabreden auf sich hören kann. Danach stirbt er. Auf seiner wirklichen Beerdigung hält Hazel spontan eine andere Version ihrer Grabrede für ihn. Sie entscheidet sich, nun eher die Hinterbliebenen zu trösten als

Diese Seite ist für
Karin Herrmany-Maus

den Verstorbenen zu ehren. Nach der Beerdigung bekommt sie einen Zettel, den Gus kurz vor seinem Tod geschrieben hat – seine Grabrede für Hazel.

Ich habe von vielen gehört, dass der Film sie sehr traurig gemacht hat. Dass sie geweint haben. Und natürlich geht es darin um den Tod. Und ja, es sterben Jugendliche an einer schlimmen und unheilbaren Krankheit. Aber für mich ging es vor allem um die schönen Seiten des Lebens, die der Film auch zeigt. Mir hat er auf eine sehr gute Art und Weise vor Augen geführt, wie wunderbar es ist, zu leben und zu lieben. Er hilft uns, den Blick auf die Dinge zu richten, die neben beruflichem Erfolg, gesellschaftlichem Ansehen und Statussymbolen auch wichtig sind.

In einer Szene sagt Gus: »Meine größte Angst ist es, vergessen zu werden.« Hazel fragt zurück: »Von wem denn? In wessen Herz willst du wirklich sein?«

Häufig befinden wir uns in unserem Alltag in einem Hamsterrad. Wir stehen unter Druck. Wir funktionieren. Wir priorisieren die Dinge nach Dringlichkeit. Und manchmal versuchen wir, bei den falschen Menschen Eindruck zu schinden. Damit verschenken wir wertvolle Lebenszeit und Energie. Wir dürfen Aufmerksamkeit und Anerkennung im Außen auf keinen Fall mit einer inneren Fülle verwechseln.

In unserem Alltag dürfen wir uns daher viel öfter fragen: Wen wollen wir wirklich bewegen? Wen wollen wir wirklich beeindrucken? Wem imponieren? Wessen Anerkennung bedeutet uns wirklich etwas? Die von Freunden? Kollegen? Familienmitgliedern? Und wer von denen ist wirklich wichtig? Kann ich nicht noch viel mehr Energie und Fokus darauf verwenden, genau bei den Menschen Spuren zu hinterlassen, die mir wirklich wichtig sind?

Heute ist genau der richtige Tag, um sich diesen Personen zuzuwenden. Wenn wir unsere Energie und unseren Fokus auf die Menschen lenken, die uns am meisten bedeuten, werden wir uns beschenkt und erfüllt fühlen. Gemeinschaft erleben. Verbundenheit spüren.

> **Was tun Sie für die Menschen, die Sie sich an Ihrer Seite wünschen, wenn es hart auf hart kommt?**

 Link zur offiziellen Filmwebsite mit dem Trailer von
»Das Schicksal ist ein mieser Verräter«
http://leichtigkeits-training.de/44-33

Ziele erreichen?
Ja!

Um jeden Preis?
Nein!

# 34. Du hast die Wahl, Fisch!

**30.03.2014, Kathmandu.** Vor etwa einer Stunde ist unser Flugzeug in Nepal gelandet. Wir werden abgeholt von Joe, dem Manager des Everest-Basislagers. Abends trinken wir mit ihm zusammen ein Bier und unterhalten uns über das, was in seinem Job und dem extremen Umfeld am Everest am wichtigsten ist, um langfristig Leistung abrufen zu können.

Er überlegt kurz und sagt dann: »Climbing is about keeping yourself healthy.« – Das Wichtigste beim Bergsteigen und langen Expeditionen ist, gesund zu bleiben. – Zusammen mit seinem Team tut er im Basislager alles, damit sie und ihre Gäste nicht krank werden. Denn wer auf 5350 m krank wird, hat ein Problem. Regeneration und Erholung sind dort kaum möglich, weil der Körper schon durch die Höhe ganz stark gefordert ist.

Daher gibt es im Basislager eine ganze Menge Präventionsmaßnahmen: Wer ins Zelt kommt, desinfiziert sich zuerst die Hände. Wer niest, tut das in seinen Ellenbogen. Wer sich Nüsse nimmt, nutzt dazu einen Löffel statt der Hand. An diese Regeln halten sich alle, weil niemand krank werden möchte. Denn wenn einer krank wird, ist die Ansteckungsgefahr groß.

An extremen Orten wie dem Everest achten wir ganz bewusst auf unsere körperliche Gesundheit. Im Alltag vergessen wir das oft. Noch schlimmer, manchmal arbeiten wir sogar gegen unseren Körper. Wir haben Rückenschmerzen und bleiben trotzdem noch vier weitere Stunden auf unserem unergonomischen Schreibtischstuhl sitzen. Wir haben Kopfschmerzen und schlucken eine Handvoll Tabletten, statt gegen die Ursache anzugehen. Wir haben Bluthochdruck, Diabetes, Übergewicht und versuchen dennoch, an unserem Lebensstil so wenig wie möglich zu ändern.

Im Umgang mit unserem Körper, unserer Fitness, unserer Gesundheit haben wir jeden Tag aufs Neue die Wahl. Wir können weiter Raubbau an unserem Körper betreiben. Uns weiter ungesund ernähren. Weiter rauchen. Unmengen an Alkohol trinken. Jede Bewegung vermeiden. Aber dann werden wir in der Konsequenz leistungsschwächer. Wir lassen unser wahres Potenzial ungenutzt und brachliegen.

Oder wir entscheiden uns jeden Tag aufs Neue dazu, verantwortungsvoll mit unserem Körper umzugehen. Ausreichend zu schlafen. Gesund zu essen. Uns zu bewegen. Entspannung zu genießen. Das hat zur Folge, dass wir Energie tanken und langfristig leistungsstark bleiben.

Vor dieser Entscheidung stand auch Daniel, ein Teilnehmer meiner Kilimandscharo-Seminarreisen. Er ist Chef eines großen Unternehmens und bekam von den Vorstandsmitgliedern die Ansage, noch mehr Umsatz aus dem Unternehmen herauszuholen.

Sein Fazit nach der Seminarreise: »Als wichtigsten Impuls habe ich von der Reise mitgenommen, nach mehr Leichtigkeit im Leben zu streben und bewusst zu Dingen Ja und Nein zu sagen. Ich habe erkannt, dass es nicht mehr meine Aufgabe ist, aufgrund von mentaler und körperlicher Stärke alleine vorwegzulaufen, sondern andere zu coachen und mitzuziehen.«

In der Konsequenz antwortete er den Vorstandsleuten: »Wenn ihr mich für diesen Job wollt, kauft ihr ein Paket ein. Ihr bekommt mich ganz – mit all meinen Stärken, aber auch meinen Schwächen. Aktuell bin ich schon am Limit. Daran gibt es auch nichts zu rütteln. Ich bin gerne bereit, meinen aktuellen Einsatz weiter zu geben. Aber mehr geht nicht.«

Was glauben Sie, wie die Vorstandsmitglieder reagiert haben? Sie wollten Daniel trotzdem. Inklusive der Schwächen. Und trotz der Aussage, dass er schon am Limit ist. Dass er so offen und achtsam mit seinen Grenzen umgegangen ist, fanden sie sogar so gut, dass sie ihm weiterhin völlig freie Hand ließen, wie er seinen Job macht. Als eine seiner ersten Handlungen hat er dann die Botschaft »Wenn du am Limit bist, geh nicht weiter!« an seine vierzig besten Mitarbeiter weitergegeben.

Daniel hat für sich ganz klar entschieden, dass er Gesundheit höher priorisiert als kurzfristigen Gewinn. Er weiß, dass ohne Gesundheit langfristiger Erfolg nicht möglich ist. Dass wir nur einen Körper haben. Nur dieses eine Leben. Und dass es an uns ist, wie wir damit umgehen.

> **Welchen gesundheitlichen Preis wollen Sie nicht länger für Ihren Erfolg zahlen?**

Du bekommst das vom Leben, was Du von ihm erwartest!

# 35. Bitte erledigen, Schatz!

**03.08.2014, Hamburg.** Wir sind mit Freunden im Restaurant essen. Plötzlich sagt Melanie in die Runde: »Oh, ich darf ihn gleich anrufen!« Natürlich frage ich nach, um wen es geht. »Um Matthias«, antwortet sie. »Wir arbeiten in der gleichen Firma. Er ist so etwas wie mein Freund.« Sie erzählt, dass seit fünf Jahren etwas zwischen ihnen läuft. Sie ist total verliebt, aber er lässt sich nicht wirklich auf eine Beziehung ein. Er sorgt sich, dass es im Job Konsequenzen hätte, wenn andere von ihrer Beziehung erfahren würden. Und er sagt, dass er mit seinen zweiunddreißig Jahren noch eine Familie gründen will, während Melanie mit ihren fünfundvierzig Jahren das Thema für sich abgeschlossen hat.

»Was würde Matthias sagen, wenn ich ihn fragen würde, ob er dich liebt?«, will ich von Melanie wissen. »Er würde sagen, dass er es nicht weiß«, antwortet sie. »Seit fünf Jahren bist du mit einem Mann zusammen, von dem du weißt, dass er dich nicht so liebt, wie du es dir wünschst?«, frage ich. »Ja«, antwortet sie. Sie ist unzufrieden mit der Gesamtsituation. Schimpft. Jammert. Beklagt sich.

»Wie soll das denn weitergehen?«, will ich wissen. »Weiß ich nicht«, sagt sie. »Wie, das weißt du nicht? Siehst du für die Beziehung überhaupt eine Zukunft?« »Keine Ahnung.«

Seit fünf Jahren gibt sie alles für ihn. Schenkt ihm so viel Liebe. Arbeitet so sehr daran, ihn für sich zu gewinnen. Hilft ihm, ihre Beziehung vor anderen zu verbergen. Steht immer zur Verfügung, wenn ihm nach ihrer Gesellschaft ist. Übernimmt sogar

Diese Seite ist für
Frank Eckert

zusätzlich zu ihrem eigenen Job einige Aufgaben von ihm, die er ihr in kurzen E-Mails schickt. Darin steht nur »Bitte erledigen« und nicht einmal ansatzweise etwas Liebevolles. Wohlgemerkt: Matthias ist nicht Melanies Chef, sondern ein Kollege. Er nimmt ihre Unterstützung selbstverständlich in Anspruch. Fordert ihr Wissen, ihre Kompetenz und Erfahrung ein und nutzt sie, um selbst Karriere zu machen.

Solange wir unserem Chef, unseren Kollegen, unseren Freunden, unserem Partner die Verantwortung für unser Glücklichsein übergeben, werden wir vom Leben nicht das bekommen, was wir wollen.

Wenn wir uns etwas ganz fest wünschen und die Wahrscheinlichkeit, dass dieser Wunsch in Erfüllung geht, bei nahezu null Prozent liegt, ist das traurig. Richtig schlimm jedoch ist, wenn wir diese Situation als normal empfinden, statt der Überzeugung zu sein, dass das Leben leicht sein darf. Wenn wir glauben, dass wir für alles im Leben hart kämpfen müssen. Wenn es für uns nur konsequent ist, dass wir etwas nicht erreichen, weil wir aus unserer Sicht nicht hart genug dafür gearbeitet haben.

Denn wenn wir glauben, dass wir im Job richtig ranklotzen müssen, wird unser Chef genau das von uns fordern. Wenn wir glauben, dass wir in Hamburg keine schöne Wohnung finden, werden wir auch keine finden, die uns gefällt. Und wenn wir überzeugt sind, dass wir nur geliebt werden, wenn wir etwas leisten, werden wir uns jede Umarmung unseres Partners erst verdienen müssen.

Dabei geht es auch anders. Unser Job kann mehr sein als ein Knochenjob. Unsere Wohnung kann mehr sein als ein Provisorium. Unsere Beziehung kann mehr sein als etwas, das uns nur Kraft kostet. Was wir bekommen, hängt davon ab, mit welcher Haltung wir durch unser Leben laufen.

Wir haben die Wahl, was wir vom Leben erwarten und wie wir mit dem umgehen, was wir vom Leben bekommen. Erst wenn wir zu hundert Prozent die Verantwortung für unser Glück und unser Leben selbst übernehmen, werden wir auch das bekommen, was wir uns wünschen. Und es in Dankbarkeit annehmen.

> Wann erlauben Sie sich, glücklich zu sein?
> Wann erlauben Sie sich, ein Leben in Leichtigkeit zu führen?

Hast Du gehört?

Feierabend!

# 36. Wenn das Handy mit auf dem Sofa sitzt

29.07.2014, Osnabrück. Den Tag verbringe ich mit Michael Bandt, einem langjährigen Freund und Rednerkollegen. Er kennt seine Frau seit fünfundzwanzig Jahren, seit zwanzig Jahren sind sie verheiratet. Und nicht nur das: Auch beruflich sind sie ganz eng miteinander verknüpft. Jeden Tag arbeiten sie zusammen.

In einer Partnerschaft kann man gut gemeinsame private und berufliche Ziele haben und sie zusammen verfolgen, daran glaube ich. Ein großes Vorbild dafür ist für mich das Künstlerpaar Christo und Jeanne-Claude. Sie sind am gleichen Tag im gleichen Jahr geboren, waren beruflich und privat unzertrennlich und machten bis auf wenige Ausnahmen alles zusammen. 2009 ist Jeanne-Claude gestorben. Bis heute hält Christo das Versprechen, das sich beide vor vielen Jahren gegeben haben: ihre Kunst weiter fortzusetzen.

Und wie schaffen Michael und seine Frau es, seit so langer Zeit privat wie beruflich gut miteinander umzugehen? Er erklärt mir: »Es gibt für mich keine wirkliche Trennung zwischen Privat- und Berufsleben. Das ist für meine Frau manchmal schwierig, weil sie vermisst, dass ich nie einfach nur privat bin.«

Michael und ich sind seit vielen Jahren befreundet und ich kann mir vorstellen, was seine Frau meint. Bei ihm kann man immer anrufen. Auch wenn er mit seiner Frau auf dem Sofa sitzt und mit ihr einen Film guckt, geht er ans Telefon. Klingelt das Handy, haben der Film und das Privatleben Pause.

Diese Seite ist für
Markus Euler

Wenn wir uns zu hundert Prozent über unseren Beruf definieren, ist das so lange kein Problem, wie unser Partner das mitträgt. Wenn wir zum Beispiel mit ganzem Herzen Unternehmer, Makler oder Bäcker sind, ist es schwer, den Kopf abzuschalten und privat zu sein. Häufig wachen wir morgens neben unserem Partner auf, sind aber innerlich schon voll mit unserer To-do-Liste beschäftigt. Und abends kommt nur unser Körper nach Hause, während unsere Gedanken immer noch beruflich unterwegs sind. Für private Emotionen bleibt dann nicht viel Platz. Das kann für eine Partnerschaft auf Dauer gefährlich sein.

Die Fähigkeit, aus dem beruflichen Gedankenkarussel auszusteigen und abends körperlich, emotional und mental zu Hause anzukommen, heißt »Feierabend machen«. Feierabend ist der Moment, in dem wir einfach nur für unseren Partner da sein dürfen. Auch wenn wir dafür nicht jeden Tag drei Stunden Zeit haben – manchmal sind es gerade die kleinen Momente, die wichtig sind. Nur wenn wir wirklich privat sind, haben wir die Achtsamkeit zu merken, wann der andere eine ehrliche Umarmung braucht. Ein nettes Wort. Eine kleine Geste. Nur im Privaten haben wir die Muße, ganz bei unserem Partner zu sein. Ihm in die Augen zu blicken und zu sagen, wie wichtig er für uns ist. Abends bei einem Glas Rotwein einfach zusammen mit ihm zu schweigen und die Zweisamkeit zu genießen. Ihn morgens lächelnd zu begrüßen. Gemeinsam den Tag mit dem ersten Kaffee im Bett zu starten.

All das geht nicht, wenn wir der Überzeugung sind, dass beruflich und privat immer eins sind. Die Trennung von Berufs- und Privatleben funktioniert nur, wenn wir aktiv Energie investieren.

Aktiv das Handy ausschalten. Aktiv den Automatismus unterbrechen, nur einmal kurz unsere E-Mails checken zu wollen. Wenn wir bewusst durchatmen und im Hier und Jetzt ankommen.

Es ist Energieaufwand, einen wirklichen Feierabend zu etablieren. Aber diese Energie kommt mehrfach zurück. Denn im Privaten tanken wir auf. Gewinnen Abstand. Erholen uns. Aus einer funktionierenden Partnerschaft kann viel Power kommen. Dafür ist es wichtig, dass wir sie gut pflegen.

Übrigens: Feierabend können wir natürlich auch ohne Partner machen. Dann haben wir Feierabend mit uns selbst. Tun das, was uns persönlich am meisten guttut. Ob wir mit einem schönen Buch in die Badewanne steigen oder mit Freunden um die Häuser ziehen: Wichtig ist, dass wir einfach mal vom Beruf abschalten und ganz bei uns selbst sind.

> Wie präsent sind Sie in Ihrem Job?
> Und wie präsent sind Sie nach Feierabend zu Hause – wirklich?

Wer führen will, sollte sich im richtigen Moment auch mal führen lassen können.

# 37. Einlochen am Everest

**13.04.2014, Nepal.** Heute Nachmittag werden wir das Basislager des Mount Everest erreichen. Wir sind mittlerweile auf etwa 5000 m aufgestiegen. So langsam spüren wir die Höhe. Das Atmen fällt schwer. Jede Bewegung ist anstrengend. Es ist jetzt besonders wichtig, dass wir auf uns achten. Um weiter die körperliche und mentale Leistung abrufen zu können, die es hier oben braucht. Die nächste Pause steht an. Das heißt: Warm anziehen. Hinsetzen. Essen. Trinken. Eincremen. Mehr nicht. Alles andere kostet nur unnötig Energie. Energie, die wir dringend brauchen, um weiterzukommen. Energie, die ich brauche. Energie, die auch Andreas Buhr, der mich begleitet, braucht.

Andreas ist ein erfolgreicher Unternehmer, Redner und Autor in Deutschland. Er hat in seinem Leben schon viel erreicht. Ich habe großen Respekt vor dem, was er geleistet hat, und schätze ihn als Mensch sehr. Beruflich wie menschlich ist er ein Vorbild für mich.

Mit der Everest-Besteigung macht Andreas nun noch einmal etwas ganz Neues. Ich lerne ihn während dieser gemeinsamen Tour von einer anderen Seite kennen. Und er sich auch. Andreas macht in dieser Situation nichts von dem, was wichtig wäre. Er läuft weiter herum. Macht Fotos. Trinkt nichts, weil er keinen Durst hat. Isst nichts, weil er keinen Hunger hat. Er ignoriert unsere Hinweise und die Hinweise seines Körpers.

Ich fange an, mir Sorgen um ihn zu machen. Denn was er macht, ist gefährlich. Wenn er hier seine ganze Energie verpulvert und nichts tut, um seine Batterien aufzuladen, wie wird es ihm wohl in einer halben Stunde gehen?

Unser Expeditionsleiter schaut sich das eine Weile an. Versucht, Andreas zum Hinsetzen, zum Trinken, zum Essen zu überreden. Erfolglos. Er ist ein erfahrener Höhenbergsteiger und sich seiner Verantwortung als Expeditionsleiter bewusst. Als wir weitergehen wollen, handelt er. Er geht zu Andreas, nimmt dessen Rucksack und sagt: »Zeig mal her, da scheint was nicht in Ordnung zu sein.« Bevor Andreas merkt, was passiert, hat der Expeditionsleiter sich den Rucksack zusätzlich zu seinem eigenen Rucksack aufgesetzt und beginnt, den Weg fortzusetzen.

Und was macht Andreas? Statt zu akzeptieren, dass der Expeditionsleiter damit auf seine Unvernunft reagiert, versucht er mit allen Mitteln, seinen Rucksack wiederzubekommen. Andreas hat nicht verstanden, was hier geschieht und was schließlich wichtig sein wird. Statt seine verbliebene Kraft ins Weiterlaufen zu investieren, kämpft er um seinen Rucksack. Er wird laut. Zieht daran. Und stapft schließlich, ziemlich sauer und ohne Rucksack, los.

Am nächsten Tag spreche ich Andreas auf die Situation an: »Dass du ab fünftausend Metern die Höhe merkst, ist normal. Aber es erschreckt mich, wie du damit umgegangen bist. Das macht mir Sorgen.« Andreas versucht, die Sache abzutun: »So schlimm war das doch gar nicht!« »Doch, das war es!«, entgegne ich. »Du hast noch nicht verstanden, dass wir hier nicht auf dem Golfplatz sind. Hier oben sterben Menschen. Und ich habe null Interesse daran, mich dafür zu rechtfertigen, dass ich mir Sorgen um dich mache.« Andreas wendet sich ab. Für ein, zwei Minuten sagt er gar nichts. Ich sehe, wie er nachdenkt. Dann kommt er wieder zu mir. Zieht mich vom Eis hoch, umarmt mich. Sagt aber nichts.

Einen weiteren Tag später erklärt er mir: »Steve, nochmal zu gestern. Ich möchte, dass du das verstehst. Ich bin jetzt vierundfünfzig Jahre alt. Mein ganzes Leben lang habe ich Verantwortung übernehmen müssen. Alles, was ich tue, hat damit zu tun, dass ich führe und Verantwortung trage. Hier oben ist alles für mich neu. In einer solchen Umgebung vertrauen zu müssen, auch geführt zu werden, ich gebe zu, das ist eine neue Erfahrung für mich.«

Die Berge sind gute Lehrmeister. Sie sind wunderschön. Aber auch gefährlich. Gnadenlos in ihrer Höhe und Kälte. Sie sind ein guter Ort, um zu lernen, dass wir uns in manchen Situationen auch einmal führen lassen dürfen. Dass wir nicht für alles Experten sind. Dass wir nicht alles kontrollieren können. Dass die Verantwortung nicht immer in unseren Händen liegen muss. Und dass es gefährlich werden kann, wenn wir sie nicht auch mal abgeben. Das hat ganz viel mit Vertrauen zu tun. Vertrauen in uns. In das Leben. Vertrauen darauf, dass alles, was passiert, schon richtig ist. Und Vertrauen in andere. In ihr Wissen, ihre Expertise, ihre Kompetenz, ihr Wohlwollen.

> **Wem können Sie vertrauen, wenn Sie die Kontrolle verlieren?**

 Link zum Podcast von Andreas Buhr
http://leichtigkeits-training.de/44-37

Wer zwei
Prioritäten hat,
hat keine
Priorität.!

# 38. Der Preis des Erfolgs

14.06.2013, Mainz. Gerade habe ich auf der Personal Trainer Conference einen Vortrag über Fokussierung gehalten. Ich packe meine Sachen zusammen. Da kommt ein Teilnehmer auf mich zu. Er fragt: »Bei mir läuft es grad nicht so rund. Hast du einen Tipp für mich, was ich anders machen kann?« Ich frage zurück: »Was machst du denn beruflich?« Er antwortet: »Ich arbeite selbstständig als Personal Trainer und gebe Eins-zu-eins-Trainings- und Gruppenkurse im Fitnessstudio. Ich bin Dozent an einer Akademie zur Aus- und Weiterbildung von Personal Trainern, engagiere mich bei einem Forschungsprojekt an der Sporthochschule, trainiere eine Handballmannschaft. Und ich entwickle gerade ein Firmenfitness-Konzept für Unternehmen.« Er macht eine Pause. »Da habe ich mir gerade selbst die Antwort gegeben, oder? Ich habe viel zu viele Baustellen gleichzeitig!«

Oft sind wir nicht nur an einer, sondern an mehreren Fronten aktiv. Wir scheuen uns davor, alles auf eine Karte zu setzen. Wir sind hier dabei, dort aktiv, da eingebunden. Aber wie soll Erfolg funktionieren, wenn wir unsere Energie so stark verteilen? Wie soll das gehen, wenn wir unseren Fokus so stark streuen?

Während meiner Bergexpeditionen habe ich viele Unternehmer aus der ganzen Welt kennengelernt. Von Anfang zwanzig bis über siebzig Jahre war altersmäßig alles dabei. Mit vielen oder wenigen Mitarbeitern. Mit selbst aufgebauten oder übernommenen Unternehmen. Immer wieder habe ich von ihnen gehört: »Wenn du ein Unternehmen aufbauen möchtest, wenn du richtig Karriere machen möchtest, musst du Vollgas geben. Du musst deine ganze Energie und Leidenschaft da reinstecken. Da reicht eine normale Arbeitswoche mit achtunddreißig Stunden nicht aus. Die Konkurrenz schläft nicht. Du musst mehr leisten als andere. Du musst volle Power bringen. Du musst Prioritäten setzen.«

In einem haben sie recht: Durch die Konzentration auf die richtigen Dinge können wir schneller und erfolgreicher an unser Ziel kommen. Egal, ob es Karriereziele, sportliche Ziele oder private Ziele sind. Wenn wir die Dinge ausblenden, die uns nicht unserem Ziel näher bringen, gewinnen wir ganz viel Kraft, die wir für unseren Erfolg einsetzen können.

Die Kehrseite der Medaille ist, dass durch eine intensive Fokussierung auch viel auf der Strecke bleiben kann. Wenn wir uns ganz auf eine Sache konzentrieren, ist es ganz natürlich, dass andere Dinge liegenbleiben. Manchmal ist das die Familie. Manchmal unsere Gesundheit. Das kann dazu führen, dass wir unser Ziel erreichen – und dann feststellen, dass unsere Partnerschaft bröckelt. Dass wir krank sind. Dass wir alleine auf dem Gipfel stehen.

Um unseren Traum zu leben, ist es wichtig, sich Prioritäten zu setzen. Es ist wichtig, sich zu fokussieren. Gleichzeitig hat Fokussierung einen Preis.

Es geht nicht darum, immer zu hundert Prozent fokussiert zu sein. Es geht darum, den richtigen Grad an Fokussierung zur richtigen Zeit zu finden. Ein neuer Job, ein Umzug in eine neue Stadt, die Rettung unserer Beziehung, die Intensivierung einer Freundschaft – bei solchen Projekten ist es sinnvoll, viel Energie zu investieren. Da können wir nicht nach dem Gießkannenprinzip durch den Tag rennen und hier und da und dort jeweils ein bisschen Energie aufwenden. Wenn wir etwas Großes bewirken wollen, reicht punktuelle Konzentration nicht aus. Aber wir sollten uns immer deutlich machen, dass wir einen Preis dafür zahlen. Und entscheiden, ob und wie lange wir diesen Preis bezahlen wollen.

> **Worauf wollen Sie sich in den nächsten drei Monate täglich fokussieren?**

 Link zum Video »Fokussiere dich!« – ein Auszug aus meinem Eröffnungsvortrag bei der Personal Trainer Conference 2013
http://leichtigkeits-training.de/44-38

Respektiere andere und sie respektieren Dich!

# 39. Zehn Euro zahlen, zwanzig Euro bekommen

05.09.2014, Hamburg. »Gleich wird es einigen von Ihnen sehr schlecht gehen«, sagt Norman Gagg. Der Tierschützer steht vor der Kinoleinwand und kündigt damit den Film »Earthlings« von Shaun Monsun an, eine Dokumentation über Fleischkonsum und die Nutzhaltung von Tieren.

Der Eintritt hat zehn Euro gekostet. Alle, die sich den Film bis zum Ende ansehen, werden zwanzig Euro als Belohnung erhalten. Mit dieser Aktion möchte Norman Gagg auf die Missstände in der Tierindustrie aufmerksam machen. Statt einfach Geld an Tierschutzorganisationen zu spenden, will er zeigen, wie die Tierindustrie arbeitet. Insgesamt kostet ihn die Aktion rund dreitausendfünfhundert Euro, die er weitgehend aus eigener Tasche bezahlt.

Die Marketingidee imponiert mir. Wer durchhält, bekommt seinen finanziellen Einsatz doppelt zurück – die Herausforderung will ich annehmen. Wie schlimm kann ein Film sein, damit Leute zwischendrin aufstehen und rausgehen? Werde ich durchhalten?

Nun sehe ich mit etwa hundertfünfzig anderen Kinobesuchern, wie der Film startet. Zunächst wird der Begriff »Earthling« erklärt: Wir alle, Menschen wie Tiere, sind Bewohner dieser Erde. Dann folgt ein Blick auf unseren Planeten aus dem Weltall. Anschließend wird neunzig Minuten lang gezeigt, wie Tiere ausgebeutet und geschlachtet werden. Wie sie unter bestialischen

Bedingungen gehalten und getötet werden, um menschliche Bedürfnisse zu befriedigen. Damit wir uns im Zoo und Zirkus gut unterhalten. Damit wir uns in Leder kleiden. Damit wir sie essen können.

Während mehr und mehr Schlachtszenen über die Leinwand flimmern, frage ich mich: Werde ich jetzt nie mehr in den Zirkus gehen? Niemals mehr mit Kindern einen Zoo besuchen? Kein Leder mehr kaufen? Menschen mit Haustieren komisch anschauen? Keine Medikamente mehr nehmen, die mithilfe von Tierversuchen entwickelt wurden? Weniger Fleisch essen?

Fleisch war immer ein fester Bestandteil meiner Ernährung. Aus Überzeugung. Denn Eiweiß war immer wichtig für mein Training, für den Aufbau der Muskeln. In der Vorbereitung auf meine Touren, in den Bergen und auch in der Regeneration hinterher hat Fleisch stets eine große Rolle gespielt.

Ich vermisse eine Gegendarstellung im Film. Viele meiner Freunde leben vegetarisch oder vegan. Auch in den Medien wird das Thema immer wichtiger. Aber was wäre denn, wenn plötzlich niemand mehr Fleisch essen würde? Wie sollen all die Pflanzen produziert werden, um uns alle zu ernähren? Und welche Auswirkungen hätte ein solches Wachstum der Veggie-Industrie? Statt einer fundierten Auseinandersetzung mit dem Thema zeigt der Film nur eine blutige Schlachtszene aus den 1990er-Jahren nach der nächsten. Ich beginne mich zu langweilen und merke, dass ich mehrmals kurz wegnicke. Plötzlich erscheint auf der Leinwand ein Zitat von Leo Tolstoi: »As long as there are slaughter houses there will always be battlefields.« – Solange es Schlachthöfe gibt, wird es auch Kriege geben.

Das packt mich. Das ergibt Sinn. Denn dabei geht es um Respekt. Es geht um die Frage: Wie gehe ich mit anderen Lebewesen um? Es heißt ja: Die Persönlichkeit eines Menschen erkennt man daran, wie er mit Tieren umgeht. Sagt es also über jemanden etwas aus, wie er dem Hund des Nachbarn begegnet, wenn er die beiden auf der Straße trifft? Wird jemand, der mit Tieren respektvoll umgeht, auch respektvoll zu Menschen sein? Und kann jemand, der Tieren gegenüber respektlos ist, gleichzeitig respektvoll mit Menschen umgehen? Ich glaube, dass das nicht geht. Solange wir an unserer Haltung gegenüber Tieren nichts ändern, werden wir auch weiter Menschen ermorden.

Manchmal mangelt es uns an Respekt. Der Fähigkeit, die Bedürfnisse anderer zu berücksichtigen. Sie aussprechen zu lassen. Wirkliches Interesse an ihnen zu zeigen. Sie für ihr gutes Verhalten zu loben. All das sind einfache Dinge, die wir im Alltag leider häufig vergessen.

Doch wenn wir höflich zu anderen sind und Danke und Bitte sagen, werden wir im Gegenzug auch höflich behandelt werden. Das heißt: Wenn wir lernen, andere zu respektieren, werden sie auch uns respektieren.

> **Wie zeigen Sie Ihren Respekt gegenüber dem Leben – dem von Menschen wie Tieren?**

Weniger denken.
Mehr fühlen.
Leichter leben!

# 40. Die verrückten Araber

**24.12.2011, Mount Vinson, Antarktis.** Wir sitzen am Heiligabend nach einem langen Tag, an dem wir vom Low Camp bis ins High Camp gestiegen sind, gemeinsam im Zelt. Tausend Höhenmeter haben wir dafür bewältigt. Haben Anstiege mit fünfundvierzig Grad Steigung hinter uns gebracht. Dabei die ganze Zeit über zwanzig Kilo auf dem Rücken geschleppt.

Das Tempo in meiner Seilschaft war schnell – für mich zu schnell. Ich fand den Aufstieg sehr anstrengend. Wir waren eine halbe Stunde schneller als das andere Team. Ich habe mich die ganze Zeit gefragt: Warum rennen wir so? Hier gibt es vierundzwanzig Stunden Tageslicht! Und wir haben keinen Termin da oben, niemand wartet dort auf uns! Aber ich hing an meinem Platz in der Seilschaft fest, in der der Expeditionsleiter die Geschwindigkeit bestimmte. Als der auch noch anfing zu singen, habe ich richtig schlechte Laune bekommen.

Nun sitzen wir im Zelt zusammen und besprechen den nächsten Tag. Der Expeditionsleiter fragt: »Zwei Leute würden gerne die Seilschaft wechseln, weil ihnen ihr aktuelles Team zu langsam ist. Das geht natürlich nur, wenn im Gegenzug zwei andere von der schnelleren in die langsamere Seilschaft gehen. Hat jemand Interesse?« Ich denke nicht lange nach. Mein Bauchgefühl sagt mir, dass es das Beste für mich ist, sofort den Arm hochzureißen. Also tue ich das auch und sage: »Ja! Ich!«

Abends liege ich neben Fred, einem amerikanischen Unternehmer, im Zelt. Er sagt: »Steve, wenn du in die langsamere

Seilschaft wechselst, komme ich mit. Aber bist du dir sicher, dass du das wirklich willst? Dann wären wir mit den drei Arabern in einem Team. Die haben weniger Erfahrung. Sind langsam unterwegs. Was passiert, wenn die es nicht bis zum Gipfel schaffen? Dann müssen wir auch umdrehen.«

Meine Antwort: »Ja, ich will wechseln. Mir ist es wichtig, mein eigenes Tempo zu gehen und nicht auf den Gipfel zu rennen. Und ich bin mir sicher, dass auch die drei Araber alles geben werden, um auf den Gipfel zu kommen. Die werden uns nicht daran hindern.«

Und so kommt es. Am nächsten Tag stecken wir den Kopf aus dem Zelt. Stellen fest, dass das Wetter gut ist: blauer Himmel, gute Sicht, windstill. Wir frühstücken. Packen unsere Rucksäcke und bereiten uns auf Temperaturen bis -50 °C vor. Dann machen wir uns mit der langsameren Seilschaft auf den Weg zum Gipfel.

Etwa zwölf Stunden später haben wir es geschafft. Wir stehen ganz oben. Fred umarmt mich: »Steve, es war die beste Entscheidung, die Seilschaft zu wechseln. Danke. Dadurch konnten wir nicht als die Langsamsten, sondern als die Stärksten unserer Gruppe den Gipfel erreichen!«

In dieser Situation war es richtig, auf mein Bauchgefühl zu hören und die Seilschaft zu wechseln. Unser Bauchgefühl ist immer dann ein besonders guter Ratgeber, wenn eine schnelle Entscheidung gefordert ist und wir wenig Informationen haben.

Es gibt Situationen, in denen können wir lange überlegen: Ein Haus kaufen. Urlaub buchen. Ein Auto leasen. In eine neue Stadt ziehen. Solche Entscheidungen können wir lange prüfen. Natürlich kann das Bauchgefühl auch da eine wichtige Entscheidungshilfe für uns sein. Aber wir haben genug Zeit, um auch den Verstand ausführlich zu befragen.

Aber es gibt auch Situationen, in denen gilt: hopp oder top. In denen wir schnell entscheiden müssen. In denen wir keine weiteren entscheidungsrelevanten Informationen erhalten werden. Wie beim Seilschaftswechsel am Mount Vinson. Oder bei meinem Bruder, dem einmal spontan von seinem Vermieter eine größere Wohnung angeboten wurde. Innerhalb von zweiundsiebzig Stunden hatte er sich zu entscheiden, ob er die Wohnung haben will oder nicht. Und ob er mit seiner Freundin in die Wohnung ziehen will oder lieber alleine.

In solchen Momenten bringt es nichts, wenn wir lange darauf herumdenken. Wir haben auch gar nicht die Zeit dazu. Um eine gute Entscheidung zu treffen, dürfen wir hier in uns hineinfühlen. Unsere Aufmerksamkeit auf das Hier und Jetzt richten. Im Kontakt mit uns selbst sein. Unserem Gefühl vertrauen. Und dann Leichtigkeit erleben.

**Bei welcher Entscheidung könnten Sie aktuell mehr auf Ihr Bauchgefühl hören?**

Erfolgreich zu sein, heißt nicht, jeden Tag erfolgreich zu sein.

# 41. Ohne Urlaub keine Arbeit

**06.08.2014, Hamburg.** Es ist 10:00 Uhr morgens. Ich habe eine Videokonferenz mit dem technischen Direktor einer IT-Firma. Es geht um die Programmierung einer Online-Plattform, mit der wir unseren Firmenkunden und meinen Lesern ein Leichtigkeitstraining anbieten möchten. In dem Moment, in dem online eine mögliche Lösung präsentiert wird, bricht die Verbindung ab. Sie lässt sich auch nicht wieder aufbauen. Nach einer Weile ruft mich der technische Direktor auf meinem Handy an. Er sagt: »Unser Internetzugang ist zusammengebrochen. Wir können die Präsentation leider gerade nicht fortsetzen. Wir gehen jetzt erst einmal einen Kaffee trinken und hoffen, dass die Störung bald behoben ist. Ich melde mich dann wieder bei Ihnen.«

Die gesamte IT-Firma kann nicht mehr arbeiten. Durch den Webausfall fehlt ihre wichtigste Ressource. Kein Mitarbeiter kann das erledigen, was er sich für den Tag vorgenommen hat. Ich finde es gut, wie sie damit umgehen. Statt mies drauf zu sein, nach Schuldigen zu suchen und alles blöd zu finden, bleiben sie entspannt. Gehen einfach einen Kaffee trinken. Machen das Beste aus ihrer Situation.

Was der IT-Direktor wohl abends auf die Frage seiner Frau »Wie war dein Tag?« antworten wird? Diese Frage bekommen wir häufig gestellt und stellen sie auch selber gerne. Am liebsten beenden wir den Tag mit dem Wissen und dem Gefühl, dass es ein erfolgreicher Tag war. Dass alles funktioniert hat, was wir angegangen sind. Dass wir alles geschafft haben, was wir uns vorgenommen hatten. Dennoch: Mal gibt es gute Tage. Mal gibt es schlechte Tage.

Wenn wir den Tag am Abend Revue passieren lassen, sind es wir selbst, die entscheiden, ob es ein guter oder ein schlechter Tag war. Wir denken dabei meist schwarz-weiß. In klaren Kategorien. Gut oder schlecht. Eines von beidem speichern wir als Ergebnis ab.

Wir werten schlechte Tage als Misserfolg. An Tagen, an denen schon von Anfang an alles schlecht lief, fühlen wir uns auch schlecht. Wir planen Termin an Termin, um den Tag möglichst effektiv zu nutzen. Aber durch einen Stau oder eine Verspätung der Bahn kommt unsere ganze Tagesplanung ins Wackeln. Der Zeitstress hat schon begonnen, bevor der Tag richtig angefangen hat. Wir kommen schon zum ersten Termin nicht pünktlich. Und dann läuft der Termin auch nicht so, wie wir uns das vorgestellt haben. In der Kantine gibt es nur noch Hühnerfrikassee und wir bekleckern uns damit unser Hemd. Dann ist auch noch unser Handy-Akku leer. Wir werden unzufrieden und schleppen die Unzufriedenheit den ganzen Tag mit uns herum.

Wir vergessen: Solche Tage sind Teil des Spiels! Im Sinne der Leichtigkeit heißt »erfolgreich zu sein« nicht »jeden Tag erfolgreich zu sein«. Wenn wir mehr Leichtigkeit in unseren Alltag bringen wollen, geht es nicht um die Befreiung von schlechten Tagen, sondern es geht um die Befreiung davon, Gegensätze negativ zu beurteilen.

Wenn wir in unserem Kopf zwischen guten und schlechten Tagen Grenzen ziehen, gefährden wir unser Wohlbefinden. Denn die Welt der Gegensätze ist eine Welt von Konflikten. Leichtigkeit entsteht, wenn wir uns von der Illusion lösen, dass wir schlechte und erfolglose Tage eliminieren können.

Zum Erfolg gehört immer auch Nicht-Erfolg. Die Ablehnung und Ausgrenzung von negativen Dingen ist keine Lösung. Auch sie gehören zu uns und zu unserem Leben. Und sie sind wichtig. Denn sie machen erst möglich, dass wir sowohl Misserfolg als auch Erfolg überhaupt als solchen erfahren können.

Unser Leben ist ein Leben voller Gegensätze. Wichtiger Gegensätze. Ohne Sonne gibt es keinen Regen. Ohne Regen keinen Regenbogen. Ohne Arbeit keinen Urlaub. Und ohne schlechte Tage gibt es keine guten Tage. Es ist alles eins.

> Gegensätze sind wichtig – und zum Leben gehören sowohl gut wie schlecht. Können Sie das annehmen?

Ohne Ziel
lebt es sich
manchmal
leichter.

# 42. Schritt, Schritt, Sauseschritt

09.10.2014, Erfurt. Zweihundert Geschäftsführerinnen und Geschäftsführer drängen sich ums Buffet. Stimmengemurmel. Gläserklirren. Einige Stunden zuvor habe ich einen Vortrag gehalten. Nun bin ich auf der Abendveranstaltung und feiere mit den Gästen. Viele kommen zu mir und sprechen mich auf meinen Motivationsvortrag und meine internationalen Bergexpeditionen an.

Ein Geschäftsführer fragt: »Und was hast du jetzt nach der Beendigung deines 7 SUMMITS Projekts für ein Ziel?« Ich antworte: »Ich baue jetzt eine Akademie für Motivation und Teamgeist auf, um noch mehr Menschen, Teams und Unternehmen dabei zu unterstützen, ihre Ziele zu erreichen.«

Er entgegnet: »Das meine ich nicht. Du musst doch jetzt ein neues, sportliches Ziel haben!« »Ja. Ich fahre in zwei Wochen zum neunten Mal zum Kilimandscharo. Und in fünf Monaten werde ich bei einer weiteren Seminarreise zum zehnten Mal den höchsten Berg Afrikas besteigen.«

Mein Gegenüber gibt sich auch damit nicht zufrieden: »Ich meine nicht den Kilimandscharo. Ich meine ein richtiges Ziel!« Ich schaue ihn verwundert an. Er fährt fort: »Abenteurer wie du brauchen doch immer neue Kicks!«

Dieses Gespräch irritiert mich zunehmend. Ich sage: »Ich will das, was ich erlebt habe, jetzt erst einmal sacken lassen. Will genießen, was ich erreicht habe. Feiern.« Er lässt sich nicht beirren: »Aber es muss doch immer weiter gehen!« – Ja, ist das so?

Diese Seite ist für
Stephan Müller

Nach sieben Jahren habe ich gerade ein großes Projekt abgeschlossen. Muss es wirklich immer noch eins drauf sein? Oder ist es nicht genau dieses Prinzip des Höher-Weiter-Mehr-und-Schneller, das uns nicht zur Ruhe kommen lässt? Ist es genau diese Einstellung, die zu Verbissenheit führt?

Wenn uns jemand erzählt, was er gerade erreicht hat, könnten wir ihm zu seinem Erfolg gratulieren. Mit der Person feiern. Und sie darin bestärken, den Moment zu genießen.

Wenn wir ein Ziel erreicht haben oder – um in meiner Metapher zu bleiben – einen Gipfel bestiegen haben, geht es im nächsten Schritt darum, erst einmal sicher ins Tal zurückzukommen, und uns dann die Zeit zu nehmen, zu regenerieren. Körperlich, mental, emotional. Wenn wir stattdessen direkt zum nächsten Gipfel aufbrechen, nehmen wir uns die Chance, an dem Erreichten zu wachsen. Wir beschäftigen uns dann sofort mit der neuen Herausforderung, statt das Erfahrene sacken zu lassen. Es wirklich zu verarbeiten. Aktiv Lernerfahrungen daraus zu ziehen. Stolz auf uns zu sein.

Eine gewisse Zeit ohne Plan zu leben, muss nicht Planlosigkeit bedeuten, sondern kann eine bewusst gewählte Phase der Planfreiheit sein. Eine Phase der Stille. Der Ruhe. Eine Phase mit viel Raum für uns, in der durchdachte und überlegte nächste Schritte für eine neue Lebensphase in uns reifen können.

Die Kraft der Planfreiheit erleben wir immer dann, wenn wir offen für etwas Neues werden, aber noch nicht genau wissen, wo es hingeht. Wenn wir diese Phase annehmen und aushalten, wenn wir mit Vertrauen, Gewissheit und Ruhe einfach bei uns sind, dann wird aus einer leisen Vorstellung Klarheit reifen.

Irgendwann werden wir wissen, was wir als Nächstes wollen und was die Schritte dahin sind. Dann wird ganz automatisch jede Menge Energie frei, um unser neues Ziel mit Leichtigkeit anzugehen.

> **Wann halten Sie einfach mal inne und atmen durch?**

Wer Du bist,
zeigt sich in
den Menschen,
die Dich umgeben.

# 43. Wie man in die Praxis hineinruft

28.10.2014, Horombo Hut, Kilimandscharo. Draußen ist es ungemütlich. Kalt. Regnerisch. Darum sitzen die Teilnehmer der neunten Kilimandscharo-Seminarreise und ich nun in der Hütte. Wir sind alle in einem Raum. Manche sitzen auf ihrem Bett, manche liegen. Andere sitzen auf Holzstühlen. Wir trinken Tee und essen Popcorn. Das gibt Energie und ist gut zu transportieren.

Gestern sind wir auf 3700 m Höhe angekommen. Haben schon eine Nacht hier verbracht und bleiben noch eine Nacht, um uns zu akklimatisieren. Am Vormittag haben wir eine kleine Wanderung gemacht. Nun sitzen wir beisammen, erholen uns, reden, tauschen uns aus.

Dietmar ist einer der Teilnehmer. Er ist einundfünfzig Jahre und arbeitet in einem Pharmakonzern als Head of Sales für die Schweiz. Zu seinen Aufgaben gehörte es früher, die Ärzte in ihren Praxen über neue Medikamente und Produkte seiner Firma zu informieren. Er erzählt, dass er schon bei der telefonischen Terminabsprache mit den Arzthelferinnen meist wusste, was ihn bei seinem Besuch erwarten wird: »Schon am Telefon merkte ich, was für ein Klima in der Praxis herrscht. Was mich erwarten wird, wenn ich durch die Tür trete. Welchen Umgang die Mitarbeiterinnen und Mitarbeiter miteinander haben, wie sie die Patienten und mich empfangen – daran konnte ich ablesen, wie der Arzt sein Team führt. Wie er seine Patienten behandelt. Wie er mir gegenübertreten wird.«

Das erinnert mich an einen meiner letzten Arztbesuche. Schon

Diese Seite ist für
Marlies Görtz

an der Empfangstheke hatte ich mitbekommen, wie der Arzt eine seiner Mitarbeiterinnen so richtig klein gemacht hat. Vor ihren Kolleginnen. Vor den wartenden Patienten. Als ich drankam, war der Arzt auch zu mir alles andere als freundlich.

Die Menschen in unserem Umfeld sind ein Spiegel von uns selbst. Manchmal regen wir uns über sie auf. Weil wir aus unserer Sicht von ihnen nicht richtig wahrgenommen werden. Weil wir nicht das bekommen, was uns unserer Meinung nach zusteht. Weil wir uns verarscht fühlen. In diesen Momenten dürfen wir uns die Frage stellen: Wie kommt es, dass mich genau diese Menschen umgeben? Was hat das mit mir zu tun?

Mit unserem eigenen Verhalten provozieren wir das Verhalten anderer. Wenn wir Dankbarkeit empfinden, ziehen wir dankbare Menschen an. Wenn wir Freundlichkeit empfinden, ziehen wir freundliche Menschen an. Wenn wir geduldig sind, sind die Menschen auch mit uns geduldig. Wenn wir nervös und unzufrieden sind, werde auch die Menschen um uns herum nervös und unzufrieden.

Auch was wir an anderen kritisieren, hat etwas mit uns zu tun. Was wir an anderen versuchen zu ändern, hat etwas mit uns zu tun. Was uns an anderen berührt, hat etwas mit uns selbst zu tun.

Wir können nur dann mit anderen im Einklang sein, wenn wir mit uns selbst im Einklang sind. Wenn wir aufhören, an anderen herumzudoktern, sondern an uns selbst arbeiten. Wenn wir verstehen, warum wir die Menschen anziehen, die um uns herum sind. Und wenn wir verstehen und akzeptieren, dass wir Einfluss darauf nehmen können.

Leichtigkeit entsteht, wenn wir unser Umfeld positiv beeinflussen. Wenn wir keine Erwartungen an unser Gegenüber stellen, sondern an uns selbst. Wenn wir aktiv und bewusst bestimmen, wer wir sein wollen, und dadurch Menschen anziehen, die ähnliche Werte, Ziele, Träume haben wie wir selbst. Und mit denen wir ein Stück unseres Weges teilen möchten.

> Angenommen, Sie hätten Kinder: Was könnte jemand über Sie erfahren, wenn er Ihren Kindern zuschaut?
> Angenommen, Sie würden ein Team führen: Was könnte jemand über Sie lernen, wenn er Ihre Mitarbeiter beobachtet?
> Und jetzt Ihr Freundeskreis: Was könnte jemand über Sie denken, wenn er Ihren Freunden zuschaut?

Um zu wissen
was wir wollen,
müssen wir
wissen, was wir
nicht wollen.

# 44. Wer nicht fragt, bleibt dumm

- Ist der Sinn deines Lebens, dir Sorgen zu machen?
- Ist der Sinn deines Lebens, dich mit Menschen zu umgeben, die alles negativ sehen?
- Ist der Sinn deines Lebens, einen Job zu haben, den du nicht magst?
- Ist der Sinn deines Lebens, in einem Team zu arbeiten, das dich nicht respektiert?
- Ist der Sinn deines Lebens, mit aller Gewalt dein Recht durchzusetzen?
- Ist der Sinn deines Lebens, den Dingen hinterherzurennen, die du noch nicht besitzt?
- Ist der Sinn deines Lebens, unzufrieden zu sein?
- Ist der Sinn deines Lebens zu arbeiten?
- Ist der Sinn deines Lebens, deine Gefühle zurückzuhalten?
- Ist der Sinn deines Lebens, ein Danke unausgesprochen zu lassen?
- Ist der Sinn deines Lebens, dein Potenzial ungenutzt zu lassen?
- Ist der Sinn deines Lebens, Dinge zu tun, die deiner Gesundheit schaden?
- Ist der Sinn deines Lebens, allein zu sein?
- Ist der Sinn deines Lebens, an deinem freien Tag aufzuräumen?
- Ist der Sinn deines Lebens, das Leben anderer zu leben?
- Ist der Sinn deines Lebens, vernünftig zu sein?
- Ist der Sinn deines Lebens, perfekt zu sein?

Diese Seite ist für
Gregor Rossmann

- Ist der Sinn deines Lebens, unbedeutend zu sein?
- Ist der Sinn deines Lebens, alles alleine zu schaffen?
- Ist der Sinn deines Lebens, das zu tun, was andere von dir erwarten?
- Ist der Sinn deines Lebens, von anderen Menschen Dinge zu erwarten, die sie nicht wollen?
- Ist der Sinn deines Lebens, andere zu verändern?
- Ist der Sinn deines Lebens, verbissen zu sein?
- Ist der Sinn deines Lebens, misstrauisch zu sein?
- Ist der Sinn deines Lebens, in einem goldenen Käfig zu sitzen?
- Ist der Sinn deines Lebens, feige zu sein?
- Ist der Sinn deines Lebens, die Dinge, die du schon immer machen wolltest, weiter aufzuschieben?
- Ist der Sinn deines Lebens, in einem Unternehmen zu arbeiten, in dem du unzufrieden bist?
- Ist der Sinn deines Lebens, andere klein zu machen?
- Ist der Sinn deines Lebens, stehen zu bleiben?
- Ist der Sinn deines Lebens, unzufrieden zu sein mit dem, was ist?
- Ist der Sinn deines Lebens, Angst zu haben?
- Ist der Sinn deines Lebens, dich von deinem Besitz kontrollieren zu lassen?
- Ist der Sinn deines Lebens, unglücklich zu sein?
- Ist der Sinn deines Lebens, gestresst zu sein?
- Ist der Sinn deines Lebens, in einer Partnerschaft zu leben, die dich nicht glücklich macht?
- Ist der Sinn deines Lebens, mit anderen Menschen im Streit zu sein?

- Ist der Sinn deines Lebens, dir Sorgen zu machen?
- Ist der Sinn deines Lebens, zu nehmen, ohne zu geben?
- Ist der Sinn deines Lebens, Freunde zu haben, die dich klein halten?
- Ist der Sinn deines Lebens, darauf zu warten, dass der richtige Zeitpunkt kommt, um das Leben zu leben, das du dir wirklich wünschst?
- Ist der Sinn deines Lebens, Ja zu sagen, obwohl du Nein meinst?
- Ist der Sinn deines Lebens, mit einem Partner nur der Kinder wegen zusammenzubleiben?
- Ist der Sinn deines Lebens, nur dir selbst zu vertrauen?
- Ist der Sinn deines Lebens, alleine auf dem Gipfel zu stehen?
- Ist der Sinn deines Lebens, an Dingen festzuhalten, die vorbei sind?
- Ist der Sinn deines Lebens, dein Bauchgefühl zu ignorieren?
- Ist der Sinn deines Lebens, dich selber aufzugeben?
- Ist der Sinn deines Lebens, die Wünsche anderer zu überhören?
- Ist der Sinn deines Lebens, deinen eigenen Traum zu ignorieren?

> Was ist der Sinn deines Lebens?
> Wenn man dein Leben aus der Vogelperspektive betrachten würde, was würde man sehen?

# Stichwortverzeichnis

7 SUMMITS Strategie Coach 113, 121

Abenteuer 30
abschalten 159
Abstand gewinnen 85 f.
Akzeptanz 38
Anerkennung 38, 146
Aufmerksamkeit 22
Auszeit 33 ff.
Authentizität 37 ff., 53 ff.

Ballast 81 f.
Bauchgefühl 174
Besitz 81 ff.
Brice, Russell 69
Briefpapier 21

Dankbarkeit 21 ff., 34, 186
Defokussierung 85 f.

Emotionen 37
Energieabfluss 90
Entscheidung 50 f., 57 ff., 66, 174

Entspannung 90, 150
Enttäuschung 22
Erwartungen 61 ff.

Fitness 150
Fokussierung 22, 25 f., 86, 165 ff.
frei sein 75
Freizeit 31
Fremdbestimmung 30
Freundlichkeit 186
Freundschaft 22 f.

Geduld 186
Gefühle 37 ff.
Gegensätze 179
Gemeinschaft 147
Gesundheit 149 ff.
Gewohnheiten 27, 89 ff.
Glaubwürdigkeit 54
Grenzerfahrung 25, 74
gute Laune 18

Hier und Jetzt 22, 138, 159, 175

Hilfsbereitschaft  113 ff.
Hochleistungsteam  125
Höflichkeit  38
Humor  18 f.

Inspiration  71

Kilimandscharo  141
Kilimandscharo-Seminar-
  reise  13, 25, 33, 117, 130,
  150, 185
Klarheit  30, 143
Kommunikation  77 ff.
Kompetenzen  129 ff.
Kontrolle  138

Lachen  18 ff.
Lama Geshe  17 ff.
Langeweile  118
Leben  189
Lebensbejahung  121 ff.
Lebenssinn  189 ff.
Lebenstraum  47, 97 ff.
Leidenschaft  41 ff., 65 ff., 73 ff.,
  118
Leistungsfähigkeit  66
Liebe  29 f.
loslassen  125 ff., 138

Messner, Reinhold  53 f.,
  73 ff.
Motivation  43, 71
Mount Everest  17, 29, 41 ff.,
  57 f., 85 f., 105 f., 142 f.,
  149, 161
Mount McKinley  29, 49, 81
Mount Vinson  93, 101, 125,
  173 f.

Nein sagen  113 ff.
Neugier  74

Ogwyn, Joby  41, 43

Perfektionismus  111
Perfektionsdrang  38
Prioritäten  166
Privatleben  157 ff.

Respekt  171
Risikobereitschaft  109 ff.
Routine  89 ff., 117
Ruhe  34, 182

Schwächen  61
selbstbestimmt leben  30
Sinn des Lebens  189 ff.

Sinnhaftigkeit 43, 51, 65 ff., 109
Spaß 30 f., 43, 66 f.
Sport 150
Stärken 61, 129 ff.
Status 38
Stille 34
stolz sein 41 ff.
Support 103
SupportTEAM 15, 102 f.

Tagesplanung 178
Tatkraft 105 ff.
Teamarbeit 125 f.

Underperformer 126
Unterschätzung 129 f.
Unterstützung 103

Unzufriedenheit 22 f., 45 ff., 178

Veränderung 71, 126
Verantwortung 46, 126, 133 ff., 154 f., 162 f.
Verantwortungsbewusstsein 109
Verbissenheit 182
Verbundenheit 147
Verlustangst 39
Vertrauen 161 ff.
Vorbild 93 f., 134

Zielfokussierung 25 f., 34
Zielklarheit 15, 95
Zufriedenheit 45 ff.
Zweifel 49 f., 94

# Verzeichnis der Links

Link zum Interview mit Eginhard Kieß über seine Erfahrungen am Kilimandscharo
http://leichtigkeits-training.de/44-5

Link zu meinem Erlebnisbericht von der McKinley-Expedition
http://leichtigkeits-training.de/44-9

Link zum Video meiner Laudatio für Reinhold Messner
http://leichtigkeits-training.de/44-10

Link zum Video »Wie werde ich gelassener im Umgang mit anderen?«
http://leichtigkeits-training.de/44-12

Link zu meinem Interview »Mach dein Ding!« mit Reinhold Messner
http://leichtigkeits-training.de/44-15

Link zum Video »Ist mein Traum ein Hirngespinst?«
http://leichtigkeits-training.de/44-20

Link zum Video »Wie finde ich meinen Lebenstraum?«
http://leichtigkeits-training.de/44-21

Video vom dritten 7 SUMMITS Supporter Day
http://leichtigkeits-training.de/44-22

Interview von »Management Radio« zur Nepal-Spendenaktion
http://leichtigkeits-training.de/44-23

Interview vom »Sportsfreund-Magazin« darüber, wie ich das Unglück der Sherpas erlebt habe
http://leichtigkeits-training.de/44-24

Link zum Interview »Die 7 SUMMITS Strategie als Motivationstool im Coaching« mit Rüdiger Böhm
http://leichtigkeits-training.de/44-27

Link zu einem Vortragvideo von Steve Kroeger zum Thema »Get rid of the wrong people«
http://leichtigkeits-training.de/44-28

Link zur offiziellen Filmwebsite mit dem Trailer von »Das Schicksal ist ein mieser Verräter«
http://leichtigkeits-training.de/44-33

Link zum Podcast von Andreas Buhr
http://leichtigkeits-training.de/44-37

Link zum Video »Fokussiere dich!« – ein Auszug aus meinem Eröffnungsvortrag bei der Personal Trainer Conference 2013
http://leichtigkeits-training.de/44-38

# Über Steve Kroeger

Steve Kroeger, Jahrgang 1977, ist Experte für Motivation, Teamgeist und Leichtigkeit. Als Vortragsredner, Coach und Gründer der STEVE KROEGER Akademie für Motivation und Teamgeist GmbH vermittelt er diese Themen an interessierte Geschäfts- und Privatpersonen. Die von ihm entwickelte 7 SUMMITS® Strategie bildet den Kern seiner Arbeit. Kroeger zeigt die Parallelen zwischen den Herausforderungen einer Bergbesteigung und den Anforderungen im Berufs- und Privatleben auf. Die Strategie basiert auf einem persönlichen Projekt, das Kroeger von 2007 bis 2014 verfolgt hat: die Besteigung der 7 SUMMITS, der jeweils höchsten Berge aller Kontinente. Seine Erfahrungen auf seinen Expeditionen beschreibt Steve Kroeger in dem Bestseller »Die 7 SUMMITS Strategie – Mit Leichtigkeit persönliche Gipfel erreichen« (GABAL Verlag).

Im Jahr 2012 wurde der 5-Sterne-Redner mit dem Coaching Award sowie mit dem GSA Newcomer Award 2012 der »German Speakers Association« ausgezeichnet. 2014 war er Preisträger des »Award of Excellence in further Education« des Bundesverbands zertifizierter Trainer und Business-Coaches e.V. (BZTB).

Ergänzend zu seinem vorliegenden Buch gibt es ein Online-Leichtigkeitstraining für alle, die mit mehr Energie, Fokussierung und Leichtigkeit ihre Ziele erreichen wollen.

More info: www.leichtigkeits-training.de

# SO ERREICHST DU MIT LEICHTIGKEIT DEINE ZIELE

### Wieviel Leichtigkeit empfindest Du in Deinem Alltag?

Innerhalb von 2 Minuten kannst Du feststellen, wie es um Deine Leichtigkeit bestellt ist. Fühlst Du Dich in Deinem Alltag eher schwer und gestresst oder voller Energie und Leichtigkeit? Mit dem Leichtigkeits-Index kannst Du jederzeit und von überall Deine Energie und Motivation checken: **www.leichtigkeits-training.de/index**

### LIVE-Video-Chat mit STEVE KROEGER

Der Live-Video-Chat bietet Dir Impulse für mehr Motivation und Leichtigkeit im Leben. Am besten gleich gratis anmelden und dabei sein: **www.leichtigkeits-training.de/chat**

### Das mentale Trainingssystem zum Buch

Schritt für Schritt erhältst Du täglich mehr Energie, mehr Fokussierung und mehr Leichtigkeit für die Erreichung Deiner Ziele: **www.leichtigkeits-training.de/jahresprogramm**

### Der Firmenvortrag zum Buch: Mit Leichtigkeit hohe Ziele erreichen

In seiner authentischen und lebendigen Art zeigt Steve Kroeger Ihrem Führungspersonal, Ihren Fachkräften und Ihren Teams, wie sie ihr Potenzial zur vollen Entfaltung und zum Erfolg bringen: **www.leichtigkeits-training.de/firmenvortrag**